〝たましいの家族〟の物語

里親――神様が結んだ絆《きずな》

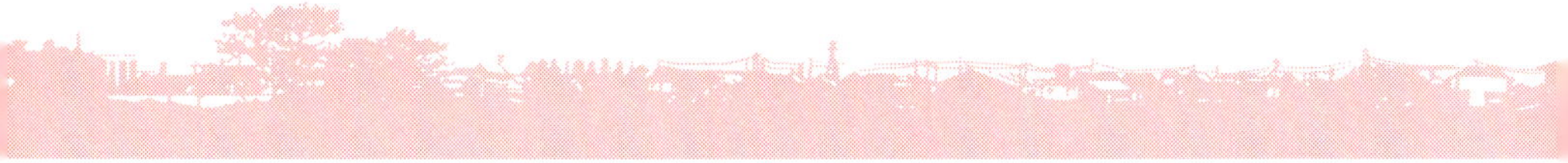

道友社編

道友社

まえがき

かつてＩＦＣＯ（国際里親養育機構）で、「日本のようにすぐれたテクノロジーを持ち、素晴らしい文化を持っている国が、なぜ子どもを大切にしないのか」と問われたことがあるそうです。

子どもたちを取り巻く状況が危ない――そう言われるようになって、もう何年経《た》つことでしょう。不変と思われてきた「親の愛」への信頼がもろくも崩れ去り、家族そのもののありようも大きく揺らいでいます。

さまざまな理由から親元で暮らせない子どもの数は、厚生労働省によると日本国内で現在約四万人。そのおよそ八割に、両親あるいは父親か母親がいるにもかかわらず、児童養護施設や里親などに委託されています。

背景には家庭の養育力の低下、そして増え続ける児童虐待があります。こうした社会問題の解決に取り組むのは当然のことですが、信仰者として何より忘れてならないのは、いまこのときも、たすけの手を待つ子どもたちがいるということです。

信じる親から虐待を受けて心に深い傷を負い、社会に対する不安と恐れを抱き、自分は生きていていいのだろうか、明日が来るのだろうかと、その小さな胸を痛めている数多くの子どもたちがいます。

このような子らに、より家庭的な養育の場を提供するのが里親です。しかしながら現在、日本で里親に委託されている子どもは三千六百人余りにすぎません。先に挙げた親元で暮らせない約四万人の子どものうち、わずか一割にも満たないのです。こうした状況に鑑《かんが》み、日本はいま、国を挙げて里親制度の推進・拡充に取り組んでいます。


現在、全国の里親委託件数の一割以上を、天理教里親連盟に所属する里親たちが担っています。本書のルポ「里親の現場から」には、お道の里親たちが、家庭に恵まれない子どもと出会い、心の絆《きずな》を育《はぐく》み、一つの〝家族〟になるまでの過程が、ありのままに描かれています。

わが子同様に愛情を注ぐその取り組みに、児童養護の関係者から「なぜ天理の里親さんは、そこまでやれるのですか?」と問われることがあります。

その大きな理由は、天理教の信仰者にとって、里親と子どもの出会いは単なる偶然ではなく、神様が絆を結んでくださった〝たましいの家族〟であると受けとめているることにあるようです。

また、天理教の教会では昔から、難渋な状態にある人を受け入れて親身にお世話をしてきました。里親活動も、天理教の信仰者にとっては、そうした「おたすけ」の一つなのです。

天理教教祖・中山みき様は、人の子を預かって育てさせてもらうことは「大きなたすけ」であると教えられました。そして、

「世話さしてもらうという真実の心さえ持っていたら、与えは神の自由《じゅうよう》で、どんなにでも神が働く」

（『稿本天理教教祖伝逸話篇』八六「大きなたすけ」）

と仰せられました。

私たちは、このお言葉を常に心に置いて、子どもたちの養育に当たっています。

私も里親登録をして二十四年目になります。その間、生活を共にした子どもは五十人を超えました。しかし、問われるべきは、関《かか》わった年限や子どもの数ではなく、どれだけ子どもたちのことを理解し、分け隔てない愛情を注いで、たくましく生きる力を育んでやれたかということでしょう。

そして、その里親自身もまた、子どもたちから力をもらっています。「育てる喜び」「自立した姿を見る喜び」を味わわせていただくのです。特に、子どもにまつわる問題が解決したときの喜びは、掛け替えのない〝心の宝〟となっています。

いま世の中は、夫婦・親子、家族の絆が弱まり、社会の基盤を揺るがしかねない深刻な状況にあります。いじめ、虐待、非行、依存症、多重債務、自殺、うつ病など、現代社会特有の病理の原因は、家族問題を抜きに語ることはできません。

里親活動は、現代社会のひずみで苦しむ子どもたちへの直接的なおたすけであると同時に、いまこの時代に、「家族とは何か」をあらためて問い直す尊い営みでもあります。本文中では、〝拡大家族〟という言葉で、新たな家族のありようが提示されています。

今年は、天理教の福祉活動が始まって百年を迎える節目の年です。この意義ある年の秋に、天理市を会場に第五十六回「全国里親大会」が開催されます。そして図らずも、本書が刊行されることになりました。私は、まさに「啐啄《そったく》の機」であると感じています。「親鳥が卵をつついて刻《とき》を告げ、それに応じて雛《ひな》が自力で殻を破って外界に躍り出る」ように、本書が親鳥のくちばしの一突きとなって、里親活動のさらなる拡充への一助となることを願ってやみません。

また、子どもの福祉全体を見渡すとき、お道の里親たちが、里親活動に留《とど》まらず、その子育て経験を生かして、地域の子育てサポーター的な役割を担っていくことが、現代社会における〝家族のおたすけ〟への大きな推進力になると信じます。

そのためにも、私たち天理教里親連盟は、一カ所でも多くの天理教の教会が里親となって、難渋する子どもたちを支援してくださるよう、里親の開拓・拡充により一層取り組んでまいりたいと思います。

平成二十二年六月

天理教里親連盟委員長　藤本《ふじもと》　忠嗣《ただつぐ》

目次

ルポ

里親の現場から

近年、親が子どもを育てることが当たり前ではなくなりつつある。児童虐待はいうまでもなく、両親の離婚や経済的理由など、さまざまな事情で親と一緒に生活できない子どもたちの緊急避難的な〝受け皿〟が求められている。

そんななか、平成14年に改正された「児童福祉法」では、昭和23年に制定された「里親制度」が初めて大幅に見直された。そのポイントは、養子縁組を前提とする従来の里親から、家庭環境に恵まれず、心に傷を負った子どもの〝育て直し〟に重点を移した制度の変更にある。

さらに、平成20年には大幅な改正がなされた。主な改正点は、虐待を受ける子どもの急増という現状を踏まえ、里親制度の整備と拡充を進めるとともに、小規模グループ養育として、里親が5、6人の子どもを預かる「ファミリーホーム」という仕組みを整えたことにある。

さまざまな問題が渦巻く里親の現場は、まさに現代社会の縮図。暮らしの中で〝24時間のおたすけ〟に力を尽くす教友たちの姿と、血縁によらない〝拡大家族〟のいまを追った。

〝拡大家族〟のいま

三世代〝親代わり〟を務めて

午後六時。大きく日が傾き、田園風景の広がる町を茜色《あかねいろ》に染めていた。関東地方にある河内《かわち》分教会では、ちょうど夕づとめの時刻。神殿では、会長の大《おお》竹信彦《たけのぶひこ》さん（64歳）を芯《しん》に少年少女たちが鳴物をつとめていた。

夕づとめ後、天理教里親連盟の元委員長でもある大竹さんが「私の家族です」と紹介したのは、教会で預かる五人の子どもたちだった。

「絵がすごく上手でね」。大竹さんは、中学三年生の高野遥《たかのはるか》さん（仮名・14歳）のことをそう紹介した。

「なんでそんなこと言うの！」と、照れながら頬《ほお》を膨《ふく》らませる。少しシャイだが、明るい少女に見えた。

「あのころと比べると、遥はすごく明るくなった」と、大竹さんは優しい眼差《まなざ》しを向けた。

里子が歌う悲しい替え歌

「残された子どもはどうなるんだよ！」

茶の間でテレビドラマを見ているときだった。ちょうど両親が離婚するシーンに差しかかったとき、遥さんが怒鳴り声を上げながら部屋を飛び出した。やがて、廊下から童謡の替え歌が聞こえてきた。

「〽雨　雨　降れ　降れ　母さんが　どっかのオヤジと出ていった」

明るい歌声だった。しかし、その歌詞はあまりにも悲しく心に響いた。遥さんが教会で暮らし始めて、まだ数日のことである。

遥さんが教会へやって来たのは五年前、

大家族の食卓は、いつもにぎやかだ

小学四年生のとき。両親の離婚後、三年ほど養護施設に預けられ、児童相談所から教会へ委託された。そのとき、一歳違いの兄・亮介《りょうすけ》君（仮名・15歳）と弟・繁雄《しげお》君（仮名・13歳）も一緒に預けられた。

児童相談所の説明では、三人は両親からまともな養育を受けずに育ったという。いわゆる児童虐待の一つとされる「ネグレクト」（養育の拒否や放置）だ。

本来なら三人は、専門里親（17ページコラム参照）に委託されるケースだが、里親歴三十年の経験と実績を買われて教会へ委託されたのだった。

「里親を始めたころは、非行少年や不登校の子を預かっていたが、まだどこか純朴だった。ところが、社会の変化とともに親子関係が希薄になってきたためか、最近の子どもたちの多くは、複雑で深刻な問題を抱えている。児童虐待が関係しているケースも少なくない」と話す。

虐待の〝世代間連鎖〟

夕づとめ後、ともに食事を頂いた。十二人の〝家族〟が囲む食卓はにぎやかだ。「ガーリックいる？」と遥さん。繁雄君は「イエス・アイ・ドゥー」と楽しげにやりとりをする。ただ、そこには兄・亮介君の姿はなかった。

亮介君はいま、別の施設で暮らしている。中学三年生だった昨年夏、他校の生徒とのケンカに巻き込まれ、学校が児童相談所へ連絡。その後、大竹さんと父親を交えて話し合いが持たれた。

大竹さんは、引き続き教会で預かることを望んだが、受験が近いこともあって、児童相談所の決定で児童自立支援施設へ預けられたのだ。

亮介君の問題が起こったとき、大竹さんは父親に言った。「腹が立ったら、私を殴ってもいい。だが、これだけは言わせてもらう。親が教育しなかったら、子どもは育たないんだよ。あなたが変われば、それは子どもたちにも伝わるんだよ」

強い口調は、すぐに涙声に変わった。

父親はそのとき初めて、自身も少年時代に親からネグレクトを受け、養護施設に入っていたことを明かした。虐待の〝世代間連鎖《れんさ》〟である。「親が悪いんだと、他人から初めて言われた」と父親は涙を流した。

教会家族が里子の勉強も見る

子どもも親もたすけたい

「〝十五歳までは親の心通りの守護〟と教えられる。子どもたちを見ていると、かわいそうに、その通りの姿が現れているように思う」と、大竹さんは長年の経験から、しみじみそう言う。

これまで預かってきた子どもは三十三人。その中で、里親としての大竹さんの考え方が大きく変わる出来事があった。

里親になって間もないころ、小学五年生の男の子を預かった。父親は、毎日のように母親に暴力を振るっていた。やがて母親は精神科に入院。その子は教会から学校へ通い始めたが、デパートをハシゴして万引を繰り返した。

ある夜、大竹さんは、少年の父親に対する強い憎しみを思い知らされた。少年が父親に模した紙人形を作り、庭の木に五寸釘《くぎ》で打ちつけている現場を目撃したのだ。

教会で一年ほど預かったものの、祖母に引き取られ、その後の消息はいまも分からない。

「私の親心が足りないからなのか、どうすればたすかるのかと悩み抜いた。やはり、子どもと親を並行しておたすけせねばと痛感した」

以来、子どもに会いに来た親にも必ず話をするようになった。時には親の家まで足を運んだ。親の消息が分からなかったり、「なんだテメーは!」などと凄《すご》まれたりしたこともある。しかし、そんな中から、親や里子がようぼくになる例も出てきている。

言うに言えない実子の心

翌日は、会長夫人であるヤス子さんの六十五回目の誕生日。里子たちは、長男夫婦の清彦《きよひこ》さん（34歳）と繁子《しげこ》さん（28歳）に手伝ってもらい、〝お母さん〟の誕生日を祝う飾りつけやケーキ作りをしていた。

「ボールペンを持ったら危ないよ」。そう言って、遥さんは清彦さん夫婦の一歳の子を抱き寄せた。

その様子を見た大竹さんは「以前は、自分のこと以外には関心のない子だったんだけどね」と笑みを浮かべる。

「変わった理由の一つは、大教会の鼓笛隊で自身が認め

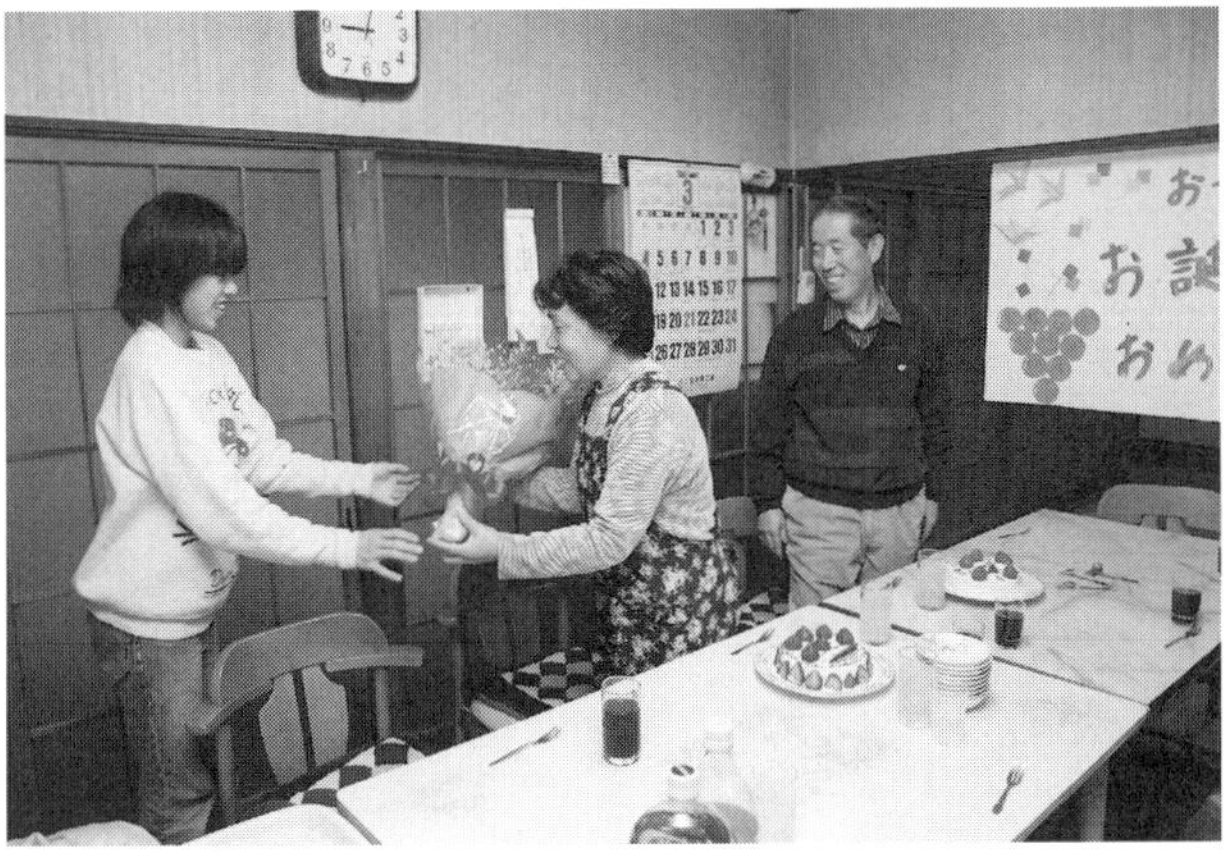

誕生日を迎えたヤス子さんに、里子から花束が贈られた

られたこと。もう一つは、大教会で伏せ込んでいた長男夫婦が昨年帰ってきたことが、いい影響を与えている。私が里子に関《かか》わるようになったころを思い出す」と、大竹さんは昔語りを始めた。

教会で子どもたちを預かるようになったのは昭和四十七年。当時、里親をしていた上級の川村信作《かわむらしんさく》・相馬《そうま》分教会長（故人）に勧められて、前会長である父・雄二《ゆうじ》さん（99歳）が里親登録を申請した。

そのころ大竹さんは、結婚したばかり。「教会で日常的に取り組むおたすけを」と夫婦で話していた矢先だった。清彦さんが生まれて間もないころだったが、教務に忙しい父を手伝いながら、子どもたちの面倒を見てきた。昭和五十八年、大竹さん夫妻も里親登録をした。

「幼い清彦には、つらかったと思う。でも、息子にはちゃんと両親がいるじゃないかと思い、どうしても里子にばかり目を向けてしまった」と当時を振り返る。

その清彦さんは、「親がなぜ里親をしているのか、ずっと理解できなかった」と打ち明ける。

忘れられない過去がある。中学三年生の二学期、同い年の少年が里子としてやって来た。その少年から、日常的にいじめを受けた。我慢に我慢を重ねていたが、ある日、少年からボロボロになるまで殴られた。そのとき初めて両親に言った。

「ほかの教会では、里子を預かっていないじゃないか。僕がこんな目に遭《あ》うのは、お父さんとお母さんのせいだ！」

天理大学を卒業し、天理高校の男子寮の幹事をするまでは、そう思い続けていた。

ある日、真柱様《しんばしら》にお目にかかる機会があった。

「『きみの教会は里親をしているそうだね。大変だったろうね』と声をかけてくださった。言うに言えない心の内を察していただいて、本当にうれしかった。そして、親の心を理解できなかった自分自身を反省した」

清彦さんは「今年の秋、里親登録をしようと思う」とつぶやいた。

小高い丘に立つ教会の庭木が秋色に染まるころ、三代目の里親が誕生する。

（『天理時報』平成19年4月29日号）

コラム　里親制度

里親制度とは、保護者のいない児童、または保護者に監護させることが不適当であると認められる児童の養育を、都道府県が里親に委託する制度。

平成20年の児童福祉法の改正により、里親制度は「養育里親」「養子縁組を希望する里親」「親族里親」「専門里親」の４種類に分けられた。

養育里親は、子どもが親元へ帰るまで、または満18歳になるまで養育するもの。養子縁組を希望する里親は、親が養育できない子どもと法的な親子関係を結び、養子として迎え入れることを目的とするもの。

親族里親は、３親等内の親族（祖父母やおじ・おばなど）が養育するもので、期間は養育里親と同じ。

専門里親は、虐待などによる心の傷や、非行や不良行為などの問題を抱え、専門的な援助を必要とする子どもを養育するもの。期間は２年間。

初めて
里親になって

家族全員で里子と向き合う

「どっちが里子か分かる？」と、西森律身《にしもりのりみ》さん（加茂谷《かもだに》分教会長・43歳）に突然聞かれて戸惑った。二人はともに就学前くらいで、背丈も顔つきも似ている。名前は歩夢《あゆむ》君（6歳）と大輝《だいき》君（6歳）。しばらく悩んでいると、「僕にはお父さんとお母さんと、パパとママがいる」との説明で、大輝君が里子だと分かった。

夫婦で取り組むおたすけ

西森さんと夫人の恵子《けいこ》さん（43歳）が初めて中村大輝君（仮名）と会ったのは、平成十七年三月。乳児院を訪ねると、たくさんの子どもたちの中で、恥ずかしそうに物陰に隠れる小柄な男の子を紹介された。

優しい声で話しかけると反応はするものの、言葉は返ってこない。夫妻と目を合わせようともしなかった。

里親登録をして初めて預かる子どもだっただけに、さまざまな不安が頭をよぎった。それでも「何かを始めるときに不安はつきもの。精いっぱいお世話をさせてもらおうと心は決まっていた」と西森さんは述懐する。

里親登録をしたのは、大輝君と会う、ちょうど一年前。それ以前から、夫婦ともに里親への関心が膨《ふく》らんでいたという。

登録したころ、西森さん夫妻は五人の子育ての真っ最中で、末っ子の歩夢君は当時三歳と甘えたい盛り。そんな中でも、「夫婦で取り組めるおたすけを」と話し合った結果が、里親になることだった。

大輝君が教会へやって来たのは、教祖《おやさま》百二十年祭を翌月に控えた年の瀬。当時、四歳十カ月。生後間もなく乳児院に預けられて以来、初めて〝家庭〟にふれることになった。

常に子どもと同じ目線で接する西森さん夫妻

試行錯誤と根比べの毎日

教会家族七人がそろう夕食の時間は、とてもにぎやかだ。歩夢君と大輝君は、仲良く並んでおいしそうに食べている。一見、当たり前の光景だが、ここまで来るには長い道のりがあった。「最初は、ささやかなおたすけのつもりと思っていたが、里親はそんなに簡単なものではなかった」と西森さん夫妻は口をそろえる。

大輝君を教会に迎えて共に生活するうちに、さまざまな課題が見えてきた。自分一人でまともに食事ができない、会話を理解することが難しい、善悪の判断がつかないなど、やることなすこと二、三歳児のようだった。児童相談所を通じて乳児院へ問い合わせても、詳しい原因は教えてくれなかった。ただ、「発達障害を抱えている」と伝えられた。

発達障害とは、何らかの原因によって、認知、言語、社会性、運動などの機能の獲得に障害を来した症状が、初期の発

仲良く並んでおつとめを勤める姿は、まるで双子の兄弟だ

達期において現れることをいう。

それらの問題一つひとつを解決していくためには、とにかく本人と向き合うしかなかった。箸《はし》の上げ下ろしから食べる姿勢、して善いことと悪いこと、言葉づかいなど、事細かに、根気よく、できるようになるまで繰り返した。

言葉で言い聞かせても理解できないときは、身ぶり手ぶりを交えて。それが二時間、三時間と続くことも少なくなかった。

「どうすれば理解できるのか、興味を持ってくれるのかと、いろいろな方法を試してみた。そのうち、こちらがあの子のペースに合わせることが大切だと分かってきた。親である私たちが、子どもの目線まで下りて、歩調を合わせ、一つずつ課題を乗り越えていく。とにかく、一緒に達成感を味わえるようにと、心を配りながら。そのためには、どれだけ時間がかかっても仕方がない」と。

まさに、試行錯誤と根比べの毎日だった。

そう話す間も、西森さん夫妻は大輝君に目を配り、優しく声をかけていた。

問題乗り越え家族も成長

夕食が終わると、大輝君が折り紙で遊びだした。すると、子どもたちが一人また一人と集まってきては、テーブルいっぱいに折り紙を広げて遊び始める。

こうした光景は、いまでこそ日常のものになっているが、かつては子ども同士で一緒に遊ぶことなどなかった。それどころか、実子と里子の間で親を取り合うことが長く続いたという。

大輝君が教会生活に慣れてきたころ、危惧《きぐ》していた歩夢君の〝赤ちゃんがえり〟が始まった。

歩夢君は、できることもできないと言いだした。負けじと、大輝君も甘えようとする。恵子さんにとっては双子の赤ん坊を育てているようなもので、やがて体力的にも精神的にも追い込まれていった。

二人の甘えは日に日に度合いを増し、お母さんの取り合いでけんかをするようになった。その揚げ句、歩夢君が目に涙を溜《た》めながら「もう嫌《いや》だ。大輝を帰してきて」と恵子さんに訴えた。このころ、三女・真実《まなみ》ちゃん（10歳）も同じことを言い続けていたという。

「正直、歩夢や真実を抱きしめて『分かった』と言ってやりたかった。でも、それはできない。わが子をないがしろにしてきたわけではないけれど、知らずしらずのうちに、そこまで思わせてしまっていたとは……。親として、本当につらい時期だった」と恵子さんは振り返る。

以来、西森さん夫妻は、日常生活の中でわが子と接する時間を意識的に増やしていった。すると、歩夢君も真実ちゃんも、進んで大輝君と一緒に遊ぶようになった。

「一つひとつ問題を乗り越えるたびに、私たち夫婦はもちろん、五人の子どもたちも成長させてもらえる。最近、家族全員で〝おたすけ〟に取り組んでいると思える

教会家族の中で、里子は家庭の温もりにふれ、心と心の絆を強めていく

ようになった」と西森さんは笑顔を見せる。

里親の先輩たちに支えられ

翌日は教会の月次祭。子どもたちも、参拝者に交じって鳴物をつとめる。大輝君は、参拝場で「みかぐらうた」を唱和していた。直会《なおらい》では、参拝者が連れてきた子どもたちと楽しそうに遊ぶ姿が見られた。

家族全員で大輝君と向き合う毎日。そんな中で、どう接していいのか分からず、ギブアップしてしまうのではないかと不安になることが何度かあったという。そのたびに大きな心の支えとなったのが、天理教里親連盟（コラム参照）の先輩の助言と、教会につながる信者の励ましだった。

「さまざまな経験を積まれた連盟の先輩の

コラム　天理教里親連盟

昭和23年、里親が制度化されて以降、登録者は年々増加したが、37年に約２万人に達したのを境に、その後は減少の一途をたどっていった。

教内の里親関係者は、こうした状況を憂い、「里親制度を全教に啓蒙《けいもう》し、活動の充実を図ろう」と声を上げげた。56年、宗教団体としては初めて「里親会」を発足。翌年には創立総会を開いた。

その後、同会は「天理教里親連盟」と改称。教内の里親開拓と、会員相互の児童育成の体験や意見の交換などを目的に、親里や教区・支部で研修会を実施している。平成22年５月現在、同連盟の会員数は439人（うち登録里親361人）。また、241家庭（全国比率９パーセント）で462人（同12.8パーセント）の里子を養育している。

アドバイスは、里親として子どもと接するうえで、とても参考になった。そして、信者さん方の理解と温かい眼差《まなざ》しがあるからこそ、安心して続けることができる」と西森さん。その言葉を聞いていたある女性ようぼくは、「私たちにとって会長さん夫妻は〝理の親〟。その意味では、教会全体が家族のようなもの。だから、特別視することなく大輝君と接し、私たちにできることをさせてもらおうと思っている」と話す。

大輝君が教会に来て一年半。〝教会家族〟の一員として生活し、信者とふれ合い、少年会活動にも参加することで、心身ともに成長している。

「私たち夫婦は、里親としてはまだよちよち歩き。これからもっといろいろな問題に直面し、さまざまなことを教わるだろうが、信者さんを含めた教会家族全員で大輝と向き合い、家庭の温《ぬく》もりや絆《きずな》の大切さを伝えていきたい。大輝自身が里子として育ったことに引け目を感じることなく、いずれ実の両親に会ったとき、『産んでくれてありがとう』と言ってほしいから」

大輝君は今春から小学一年生。歩夢君とおそろいのランドセルを背負い、一緒に学校へ通っている。

（『天理時報』平成19年5月27日号）

里子〝卒業〟の日

教会に縁ある子は皆わが子

五月下旬の週末、中国地方にある陽順《ようじゅん》分教会に、一通の封書が届いた。差出人は家庭裁判所。中身は、養子縁組の申請を許可するという通知だった。

「一カ月くらいはかかると聞いていたけれど、思ったより早かったな」

会長の片山三郎《かたやまさぶろう》さん（59歳）は、元里子の昭《あきら》さん（18歳）に通知書を見せながら話しかけた。

取材で教会を訪ねたのは、その二週間ほど前。この日、昭さんは仕事を休み、片山さんと夫人の克子《かつこ》さん（52歳）とともに家庭裁判所で調査官の面談を受けた。

個別面談では、これまで片山家でどのように過ごしてきたか、現在の生活環境はどうかなど、昭さんはさまざまな質問に答えた。それは、自らの半生を振り返るひと時でもあった。

神様と向き合い、日々おつとめを勤めることで、昭さんの心は育《はぐく》まれていった

芽生えた〝合わせる心〟

面談の翌日は、教会の月次祭。昼すぎから仕事へ出かける昭さんも鳴物をつとめる。祭典後、直会《なおらい》の準備の合間には、もう一人の里子の悠也《ゆうや》君（仮名・9歳）や、参拝者の子どもたちの遊び相手になっていた。

「ああいう姿を見ると、教会に来たころの昭とは、まるで別人のようだなあ」と、片山さんはしみじみ語る。

昭さんが教会にやって来たのは、まだ物心のつかない二歳九カ月のとき。離婚した母親が、昭さんを産んで何日も経《た》たないうちに、「私には育てられない」と乳児院へ預けたのだ。

当初は自閉症のため、片山さん夫妻や実子たちとなかなか行動を共にできなかった。夫妻は、昭さんが心を開くよう試行錯誤を繰り返し、一つの答えにたどり着いた。それは、皆でおつとめを勤めることだった。手振りと鳴物を教えるとともに、朝夕のおつとめはもちろん、月次祭の日も、学校に事情を説明して、なるべく参拝させるようにした。

「心を合わせて柏手《かしわで》を打ち、手を振り、地歌を歌う。お道の信仰に欠かせない大切なおつとめが、〝人に合わせる心〟を芽生えさせるのではないかと考えた」と片山さん。

月次祭の直会《なおらい》の席で、昭さんたちから克子さんへ、ひと足早い「母の日」のプレゼントが贈られた

やがて、小・中学校と年を重ねるうちに、自閉症や時折見られたパニック行動の症状が軽くなっていった。

あるとき片山さんは、児童相談所の医師に昭さんの近況を尋ねられたことがある。野球部に入って試合にも出ていることを話すと、「発達障害のあった子が、協調性が必要なチームプレーができるまでに回復するなんて、まず考えられない」と驚いたという。

昭さんの成長を見守る一方で、片山さん夫妻には新たな不安の種が膨《ふく》らみつつあった。それは、自身が里子であることを知らないまま育った昭さんに、〝事実〟を告げる日が近づいていることだった。

出生の事実を知って

中学校までは学校側の協力を得て「片山昭」の名前で通学していた。しかし、高校受験が近づき、志願書や受験票に本籍の姓名を記入しなければならないと分かったとき、片山さん夫妻は「ついにこの日が来たか」と覚悟を決めた。

「でも、どのタイミングで、どう切り出せばいいのか、いくら話し合っても答えは出なかった」

そんなとき、教会に一本の電話がかかってきた。

「僕から昭に話をさせてもらえませんか?」

〝育ての親〟の苦悩を聞きつけたTさん（32歳）からの申し出だった。

Tさんは、二十数年前に片山さん夫妻が初めて預かった里子だった（コラム参照）。成人して独り立ちをし、結婚してからも、時間を見つけては教会に顔を出したり、昭さんたちのことを気にかけたりしてくれる兄貴分的存在だ。

「電話でTの声を聞いたとき、離れていても私たちのことを考えてくれているのが分かって、涙が出るほどうれしかった」と片山さん。

数日後、Tさんは「買い物に行こう」と昭さんを連れ出した。

数時間後、帰ってきた昭さんを出迎えた片山さん夫妻を見て、昭さんはぽつりとつぶやいた。「お母さんには、似てると思ってたんだけどなあ……」。いつもと変わらない穏やかな口調が、かえって夫妻の心を鋭くえぐった。

孤独感と葛藤の中で

昭さんは〝あの日〟の心境をこう語る。

「教会に帰っても、自分の部屋に戻っても、見慣れた光景のはずなのに、全然知らない場所のように映った。何より、『お父さん』『お母さん』『兄ちゃん』『姉ちゃん』と呼んでいた人たちが突然、別人のように思えて……」

以来、家族との会話はどこかぎごちないものとなり、自室に閉じこもることが多くなった。

「もしかすると、このまま教会へ来たころの状態に戻ってしまうのではないかと、夜も眠れなかった」。片山さん夫妻は心配したが、そうはならなかった。

昭さんは自室にこもり、これまで育ってきた自分の人生を何度も思い返していた。それまで当たり前のように信じていたことが覆《くつがえ》さ

コラム　里親登録のきっかけ

片山さん夫妻が里親登録をしたのは、当時小学3年生だったTさんの祖父母から「Tを教会で預かってほしい」と頼まれたのがきっかけだった。

その背景には、以前からさまざまな事情を抱えた人を教会で預かってきた歩みがある。多いときには、教会家族と合わせて20人近くが寝食を共にした時期があるという。その中から現在、ようぼくとして教会を支える存在になった人も少なくない。

「教会へ寄り来る人は皆、家族同然」という片山さん夫妻の信念が、20年余りにわたる里親活動の礎《いしずえ》をなしている。

◇

里親登録の手順は、まず居住地の児童相談所を通じて都道府県知事に申込書を提出。児童相談所から書類、訪問、面接などを通して里親の要件を満たしているかどうかの調査を受けたうえで、最終的に各地方公共団体の社会福祉審議会の意見を受け、知事の認可を経て、里親に登録される。

その後、児童相談所が適切と思われる里親と児童の組み合わせを提案し、数度の面会や試験養育を経て、児童の委託が決定される。

れたショックと、別の世界へ突然放り出されたような孤独感。一方で、泣き笑いを共にしてきた一家との数えきれないほどの思い出……。さまざまな思いが交錯し、深い葛藤《かっとう》を抱えたまま日は過ぎていった。

それでも部活動にだけは自然と足が向いた。兄たちの影響で、小学校から始めた野球。進学した高校でも迷わず野球部に入り、ひたすら白球を追いかけた。

黙々と野球に打ち込むうち、昭さんはあることに気づいた。毎日、早朝練習のために早起きする昭さんよりも、さらに早く起きる母の姿。「行ってらっしゃい」と弁当を手渡す克子さんの笑顔は、以前となんら変わらなかった。

毎日のように野球の練習に付き合ってくれる四人の兄。話しにくいことにも快く相談に乗ってくれる姉。そして、以前と同じように分け隔てなく親心を注ぎ、時にはとことん叱《しか》ってくれる父。あの日、出生の事実を知るまで、少しの疑いもなく育ってきたことが、愛されていることの何よりの証しだった。

「心の穴を完全に埋めるまでには、まだまだ時間がかかるかもしれない。でも、自分はまず、何の不自由もなく育ててくれた家族に、精いっぱいの感謝の気持ちを伝えなければ」と思った。

一時期、心は大きく波立ったが、やがて凪《な》いでいき、家族との会話も少しずつ増えていった。

昨年末の高校三年生の冬。すでに就職が内定していた昭さんに、決断の日が迫っていた。里親の制度上、里子の養育は原則的に満十八歳までと定められている。高校卒業と同時に、里子も〝卒業〟することになる。

「教会を出て独立するのも、ここに残るのも、昭に自由に選ぶ権利がある。よく考えて決めなさい」と片山さん夫妻は告げた。

二人の言葉に、昭さんが返事をしたのは年明けだった。

「片山家の一員として、ここに残りたい」

ささやかな縁が強い絆に

裁判所から通知書が届いた週明け、教会近くの役場に、片山さん夫妻と昭さんの姿があった。「養子縁組届」を窓口へ提出し、戸籍上

昭さんたち兄弟は、時間を見つけてはキャッチボールに興じる。ボールと一緒に、心もやりとりをする

も正式に片山家の一員となった。

片山さんは言う。

「親は生まれてくる子を選べない。神様にお任せするしかない。だからこそ、血縁があるかどうかは関係なく、〝教会に縁のある子は皆わが子〟と思って育ててきたんです。なにも書類を出したからといって、いままでの関係が特別変わるわけではない。私たちは、ずっと『片山昭』として育ててきたつもりだし、これからもそれは変わらない」

昭さんはいま、県内の建材会社で社会人として働き、実業団で野球も続けている。

「働いて、わずかずつでも貯金をして、将来、両親にどんな形でも恩返しができればと。そのときは『お父さん、お母さん、ありがとう』と自分の言葉で伝えたい」。そう言ってはにかむ顔は、いかにも十八歳の青年らしい。

親は子を思い、子は親を思う。十六年前、片山さん一家と昭さんを結びつけたささやかな〝縁〟は、教会生活の中で互いに心を通わせるうちに、いつしか肉親同様の強い〝絆《きずな》〟になっていた。

（『天理時報』平成19年6月24日号）

一つ屋根の下の
〝教会家族〟

里子と力士 心の交流が互いの力に

お昼前、美張《みはり》分教会の食堂から、にぎやかな声が聞こえてきた。

「人が多いでしょう。普段から二十一人がいるんだけど、この時期は総勢三十六人になる」と、会長の杉江正昭《すぎえまさあき》さん（75歳）は目を細める。

食堂では、美張鼓笛隊の「おとまり会」の参加者二十人ほどが昼食中。その小さな子どもたちのすぐ横では、大きな体のお相撲さんたちがくつろいだり、厨房《ちゅうぼう》を出入りしたり……。一見、違和感のある組み合わせだが、双方いかにも慣れた様子だ。

〝教会家族〟ただいま三十六人

教会では、平成七年から大相撲七月場所中、桐山《きりやま》部屋に宿舎を提供している。今年も桐山国由《くにゆき》親方（56歳・元小結黒瀬川《くろせがわ》・正岐阜《せいぎふ》分教会ようぼく）と力士、床山《とこやま》など十五人が〝教会家族〟として一カ月半を過ごす。

おとまり会の参加者が帰宅すると、食堂の後片づけが始まった。若い力士たちと競争するように、床に敷いたマットを片づけているのは、杉江さんの三人の孫と、菜月《なつき》ちゃん（仮名・11歳）、誠輝《せいき》君（仮名・10歳）、紗弥《さや》ちゃん（仮名・9歳）、美《み》香《か》ちゃん（仮名・7歳）。

この四人兄弟《きょうだい》姉妹が教会にやって来たのは、三年前の一月だった。両親の離婚後、四人は「母子寮」で暮らしていたが、女手ひとつで育てるのが難しくなったため、児童相談所から委託されたのだ。

「教会に関《かか》わる者全員でできるおたすけを」と、杉江さん夫妻が里親登録をしたのは昭和五十七年のこと。以来、四半世紀で約三十人を受け入れてきた。「会長さんとの約束は守る」「おつとめをする」。この二つが、受け入れる際の申し合わせだ。

これまでは中・高校生を預かることが多かった。学校でのトラブル、進路や就職の問題……さまざまな事情が続発した。

「こちらから『もう出て行ってくれ』と言うのはたやすいが、『子ども一人たすけられないのに、ほかのおたすけではご守護を頂こうなんて、会長失格だ』と自分に言い聞かせてきた」と杉江さん。

一方、夫人の法子《のりこ》さん（63歳）は「短く『こうしなさい』と言った後は引きずらない。そうしないと、お互いにもたないから」と苦笑する。

幼い兄弟姉妹が教会に来た当初、多くの人が出入りする生活に慣れず、自由にならないことがあると反発するそぶりを見せた。しかし、半年が過ぎるころには自然と溶け込み、鼓笛隊や、教会で開いている空手道場の稽古《けいこ》にも進んで参加するようになった。

勝負の世界に生きる力士も、子どもたちの前では思わず笑顔に

いまでは朝からファイフの音が響き、鏡の前で空手の型を練習する声が聞こえるほど、すっかりなじんでいる。この日も菜月ちゃんが、妹たちと仲良くファイフを合奏していた。

若い力士にも学んでほしい

教会に風呂は一つしかないため、皆が順番に入る。それは力士も同じ。浴室の扉を開けると、シャンプーの香りに交じって、鬢《びん》付《づ》け油の甘いにおいが鼻をくすぐる。洗面所も食堂も、お相撲さんと一緒に使う。台所では、ちゃんこの準備をする若い力士の傍《かたわ》らで、子どもたちが「晩ご飯は何？」「材料切るの、上手だね」と、のぞき込む。力士たちは慣れた手つきで包丁を扱いながら、まんざらでもない表情だ。

一つ屋根の下の教会生活について、桐山親方はこう話す。

「会長さんからは、参拝を欠かさないことと、〝お客さん〟ではなく教会の家族として過ごすことを条件に、宿舎を貸していただいている。お道の信仰にふれ、子どもたちや教会の皆さん方と接する中で、若い力士も大切なものを学んでいるのでは。ここは、たすけ合って暮らす〝心の道場〟だからね」

序二段の金剛富士《こんごうふじ》さん（24歳）も「いい相撲を取って、皆さんに恩返しができたら……。いつも子どもたちから『負けた？』と聞かれるので、『勝った？』と聞いてもらえるようになりたいっす」と。隣で聞いていた教会長後継者の健二《けんじ》さん（39歳）が「子どもなりに気を使っているんじゃないの」と突っ込むと、どっと笑いが起こった。

〝里親第二世代〟として

健二さん・佳子《よしこ》さん（38歳）夫妻には、慶太郎《けいたろう》君（9歳）、勇作《ゆうさく》君（7歳）、いさむ君（4歳）の三人の子どもがいる。里子の四人と年が近く、実の兄弟姉妹のように育ってきた。

健二さん自身も、里子と寝食を共にしてきたこともあり、親の立場になって初めて、杉江会長の複雑な心の内を理解できるようになったと打ち明ける。

教会が初めて里子を受け入れたのは、健二さんが中学二年生のとき。多感な時期だったため、「早く

時には叱られることもあるが、里子たちは「会長さん」と「奥さん」が大好き

里親をやめて……」と両親に懇願したこともあったという。

高校生になったある日、弟の尚孝《なおたか》さん（35歳・美京《みきょう》分教会長）と当時の里子がけんかに巻き込まれ、顔中を腫《は》らして帰ってきたことがあった。そのとき健二さんは「〝弟たち〟をこんな目に遭《あ》わせるなんて許せない！」と、怒りが込み上げてきたという。「〝弟と里子〟ではなく、〝弟たち〟と自然に思えた。家族として受け入れた瞬間だったのかもしれない」と述懐する。その〝弟たち〟は現在、教会に欠かせない人材に育っている。

最近になって、長男の慶太郎君に微妙な変化が現れ始めている。「家族でどこかへ遊びに行こう」などと、まるで血縁を確かめるような言動をするそうだ。

里親の気持ちと、里子とともに育つ実の子の気持ち……。どちらの心の葛藤《かっとう》も、健二さんには痛いほど分かる。「私たちは、いわば〝里親第二世代〟。いずれ息子たちも『皆で暮らすのは素晴らしいこと』と感じてくれるに違いない。そう信じている」と話した。

「パワーの源」と「一番の力」

教会の朝は早い。午前四時半を過ぎたころから、参拝場に柏手《かしわで》の音が響く。教会家族はもちろん、若い力士たちも神前にぬかずくことから一日が始まる。

六時半の朝づとめには、教会に住む子どもたちが勢ぞろい。『天理教教典』を拝読した後、声をそろえて「私は幸せです」と三回繰り返す。いつもの朝の光景だ。

「今日も一日、よろしくお願いします」と全員であいさつをした後、七人の子どもたちが参拝場にいすを並べ始めた。「あと四つ持ってきてー」と誠輝君が指示を出す。この日は教会の七月月次祭。

台風一過の青空が広がり、神殿内を風が吹き抜ける。早くも鳴き始めたセミの声に交じって、敷地内にある土俵では、力士がぶつかり合う音が響く。近所の住人や相撲ファンら十五人ほどが朝稽古の様子を見守っていた。

稽古が終わるころ、「見て見て、ガンボルト

朝づとめ後、杉江さんは子どもたちに分かりやすく教えを説く

君からもらったの」と、美香ちゃんがチョコレート菓子を持つ手を広げた。ガンボルト君?「マッサージをしたら、くれたの」との言葉を聞いて、モンゴル出身の幕下力士、徳瀬川《とくせがわ》さん（23歳）の本名だとようやく分かった。

紗弥ちゃんと美香ちゃんに「初めてお相撲さんを見たとき、どう思った?」と尋ねると、「大きいから怖かった。いまは面白い人だから好き」「真剣な顔のときは怖いけど、お兄ちゃんがいっぱいいるみたい」と口々に答えてくれた。

健二さんは言う。「子どもたちは毎年、力士が来るのを楽しみにしている。普段は自身の境遇にコンプレックスを抱いているようだが、この時期、『うちにはお相撲さんがいるんだよ、すごいだろう』と友達に自慢しているようです」

〝気は優しくて力持ちのお兄ちゃん〟である力士の存在は、里子にとってパワーの源。若い力

コラム　力士と里子の交流 テレビで紹介

若い力士と里子の心の交流は、平成17年のＮＨＫテレビ「おはよう日本」で紹介されたことがある。そのきっかけは、教会のある自治体が作製したイラストマップ。

神社仏閣や遺跡など、町の見どころが掲載されている地図の中で、「区内唯一の相撲部屋」として美張分教会が紹介されている。「桐山部屋の親方や力士らと、子ども達が一つの家族として生活している様子は、実に温かい雰囲気を醸し出しています」との一文が、番組プロデューサーの目に留まったことから、取材が実現したという。

士たちも「子どもたちの応援が一番の力になる」と稽古に精を出す。里子と力士のふれあいは、思わぬ〝化学反応〟を引き起こし、お互いの励みになっているようだ。

里子の中からようぼく誕生

午前十時すぎ、おつとめが始まった。子どもたちも元気よく「みかぐらうた」を唱和する。おつとめ衣《ぎ》を着て鳴物をつとめる奉仕者の中には、かつての里子もいる。これまで受け入れてきた子どもの中から、修養科生五人、ようぼく三人が誕生した。なかには、布教所を受け持つ男性や、航空会社のフライトアテンダント（客室乗務員）になった女性もいる。

祭典が終わるころ、おいしそうな香りが漂ってきた。この日の直会《なおらい》は、桐山部屋特製のみそちゃんこ。幕下の早瀬川《はやせがわ》さん（31歳）が代表であいさつをした後、旧伊《い》勢ケ濱《せがはま》部屋から移籍した三人の力士のお披露目が行われた。信者たちから「今場所は成績いいねえ！」「頑張ってよ！」と、大きな声援と拍手が送られた。

直会の片づけを終えた食堂で、子どもたちは鼓笛の練習に励んでいた。楽しみにしている「こどもおぢばがえり」は、もうすぐだ。

（『天理時報』平成19年7月29日号）

ある〝迷子〟の夏休み

鼓笛隊が心の居場所に

胸一《むねいち》布教所を訪ねたのは、「こどもおぢばがえり」を目前に控えた七月半ば。折から、大型の台風4号が九州に上陸、正午すぎから暴風域に入った中国地方は、大雨に見舞われた。

「実は昨日、家の中でも〝嵐〟が吹き荒れまして……」と、布教所長の河田一郎《かわたいちろう》さん（59歳）は、きまり悪そうに話す。

見れば、家の廊下の壁に四カ所の穴、引き戸はガラスが割れて木枠だけになっている。それは中学一年生の山本拓也《やまもとたくや》君（仮名・13歳）が癇癪《かんしゃく》を起こした跡だった。

「高機能広汎性《こうはんせい》発達障害という〝心の病〟を抱える拓也は、人の気持ちを考えたり、自分の気持ちをすぐに切り替えたりすることができない。自分の思い通りにならないと、衝動的にカッとなってしまう」と妻の美子《よしこ》さん（44歳）。

取材初日、拓也君は自室に閉じこもったまま、夕づとめにも顔を出さなかった。

出生の秘密を知った日

拓也君がようやく姿を現したのは夕食どき。家族が談笑しながらご飯を食べるなか、一人さっさと食事を済ませ、自室に戻った。

「まだ昨日のことを引きずっていて、気持ちの切り替えができないんだろう」と、河田さんは静かに見守る。この夜、もう姿を見せてくれそうにない拓也君の生い立ちを、夫妻が語ってくれた。

拓也君が河田家にやって来たのは三歳のころ。未婚の母親が、生後間もない拓也君を乳児院に預けたのだ。

河田さんが責任者を務める支部鼓笛隊の練習風景。
里子たちも隊の一員に加わっている

幼稚園へ通い始めたころから、団体行動ができず、園児同士のコミュニケーションも取れなかった。園児を突き飛ばしたり、人の物を隠したりした。その行動は、小学校に入るとさらにエスカレート。二年生になったとき、児童相談所へ連絡して検査を受けた結果、「発達障害」と判明した。

「幼稚園でも小学校でも、問題を起こすたびに呼び出され、『親の愛情不足だ』と言われた。とてもつらい日々だった」と美子さんは振り返る。

そんな中でも、河田さん夫妻は惜しみなく拓也君に愛情を注いだ。そして、それは確実に伝わっていった。

発達障害と分かったころ、こんなことがあった。ある日、事情を知る担任の教師から「子どもを産んだときの母親の気持ちを手紙に書いてもらう授業があるんですが、どうしたらいいでしょうか?」と相談があった。

河田さん夫妻は、児童相談所の課長と発達障害のことを踏まえて話し合った。「思春期を迎える前に告知するのも、一つだと思う。私から話してみよう」と課長は言った。数日後、河田さんは拓也君を児童相談所へ連れていった。

美子さんが拓也君にあてた手紙には、出産時の気持ちではなく、拓也君を初めて抱きしめたときの思いが綴《つづ》られていた。拓也君から返事を受け取った美子さんは、幼い字で便箋《びんせん》いっぱいに書かれた感謝の言葉に胸が震えたという。

後日、担任が教えてくれた。「拓也君が『お母さんが書いてくれた手紙と同じ分だけ、返事を書こうと思った』と話していた」と。

三年生になった拓也君は、本人の希望もあって、発達障害などの子を預かる「特別クラス」へ移った。それからは、時に衝動的な行動を取るものの、大きな問題を起こすことはなくなった。

ストレスと葛藤の迷路で

そんな拓也君の様子が変わったのは六年生の二学期。協調性が低く、いつも人の輪から一歩引いていた拓也君が、友達をつくり始めたのだ。そして、河田さん夫妻に実母のことを尋ね、「会いたい」と漏《も》らすようになった。

ある日、「僕には本当の名字《みょうじ》があるんだろう?」と拓也君が聞いてきた。河田さんが「山本」と書くと、「これからは山本拓也になりたい」と言った。そして「名前を変える理由は誰《だれ》にも言わないで。友達には僕から話すから」とも。

「おそらく思春期に入って、自分のアイデンティティーを確かめたくなったんだろう。里子とは知られたくないけれど、友達には『僕は山本拓也だ』と言いたかったのでは」と河田さんは推測する。

そうした成長を見せる一方で、拓也君は自分の気持ちを言葉でうまく表現できないもどかしさから、家では次々と問題を起こすようになった。河田さん夫妻に暴言を吐いたり、財布からお金を抜き取ったりすることもしばしば。深夜に家出をしたときは、学校関係者や消防団員が山狩りの準備を整え、警察犬が待機するほどの大騒動となった。

中学校に入り、普通クラスで皆と一緒に勉強を始めた拓也君は、新しい環境に溶け込もうとするあまり、多くのストレスを抱えたのだろう。いつしか、夕づとめの参拝もしないようになった。

〝育ての親〟として常に身近に接し、誰よりも愛情をもって拓也君のことを見守ってきた美子さんは言う。「拓也は障害の特徴からか、小さいころから迷路を書くことに強いこだわりを持っている。いまのあの子を見ていると、さまざまなストレスや葛藤《かっとう》を抱えて〝心の迷路〟をさまよっているようだ」

鼓笛隊で喜びと誇りを

翌日は、河田さんが責任者を務める支部鼓笛隊の練習日。「こどもおぢばがえり」に向けて最後の猛練習をするため、布教所近くにある小学校に隊員たちが集まってきた。その中に、拓也君の姿もあった。台風一過の抜けるような青空とは対照的に、その表情はどこか曇っているように見えた。

河田さんが指導して十八年。鼓笛隊には未信仰の家庭の子も大勢参加し、小学校が練習場所を提供してくれるほど地域の人々の信頼は厚い。布教所で預かった子どもは、必ず鼓笛隊に参加するのが河田家の決まり。拓也君はバスドラムを担当している。

「鼓笛隊では、一人ひとりが楽器を担当する。それは、人間関係の中で、自分の居場所を持つことにもつながる。以前、不登校の子が鼓笛隊に参加して、学校へ行けるようになったことがあった。協調性が低い拓也には、最初はつらいことかもしれないが、鼓笛活動を通して喜びを味わい、誇りを持ってほしいと思う」と河田さん。

練習が始まって間もなく、バスドラムが置いてある場所に拓也君の姿はなかった。「いつも、うまく隠れるんですよ」と美子さんは小さく溜《た》め息をつく。結局、昼食の

「こどもおぢばがえり」に向けて、支部隊が最後の鼓笛練習をした日。拓也君は昼食の時間になってようやく姿を現した

時間になるまで姿を見せなかった。

ところが、昼の休憩時間になって現れた拓也君は、小さい子に引っ張りだこだった。鼓笛隊の中で年長者とあって、「お兄ちゃん、遊ぼう」「たっくん、バスケットボールしようよ」と年下の子らに囲まれ、まんざらでもない様子だ。取材中、初めて見せた笑顔だった。

「いまの拓也に必要なのは、同年代の子どもたちに認められることかもしれない」と河田さん。

午後の練習が始まると、拓也君の叩《たた》くバスドラムの音がリズミカルに響いた。

出口は「こどもおぢばがえり」

河田さん率いる鼓笛隊は、七月二十四

年長者の拓也君は、小さい子の人気者

日から親里で合宿練習をした後、「こどもおぢばがえり」に参加する。あれから拓也君はどうしているのか気になって、二十六日の「おやさとパレード」出発前、待機中の鼓笛隊を訪ねた。

そこで見た拓也君の変わりように驚いた。もうすぐ始まるパレードを前に、ほかの子と一緒にはしゃぎ回り、笑顔を絶やさない少年の姿があった。初めて会ったときとは別人に見えた。

「あれから拓也に大きな変化が起こった。『こどもおぢばがえり』が近づくにつれて、夕づとめに参拝するようになった。いつもは学校に行く準備さえしようとしない子が、誰に言われることなく前日から張りきって準備してたね。特に夜のパレードは、スポットライトを浴びた自分を見てもらいたい、

コラム 里親活動への地域の理解

河田さん夫妻が里親登録をしたのは昭和63年。児童相談所を通して初めて預かった里子が拓也君だった。それ以前にも、さまざまな事情を抱えた子を布教所で育てた経験を持つ。

初めて子どもを預かったのは昭和58年、河田さんの遠縁で、ネグレクト（養育拒否）を受けていた子だった。これをきっかけに、事情を抱える近所の家庭が、児童相談所へ駆け込む前に、布教所へ相談に来るようになった。時には、実子と同じクラスの子を預かったことも。

地域の人々も、布教所の里親活動に理解を示し、里子が問題を起こしても温かく見守るようになったという。

そんな信頼関係から、河田さんが指導する支部鼓笛隊に入る未信仰家庭の子は多く、近くの小学校も練習場所を提供してくれる。「こどもおぢばがえり」にも地域の子どもたちが大勢参加し、今年は布教所から90人が帰参した。

認めてもらいたいという拓也の望みが叶《かな》う〝夢の舞台〟なのだろう。『こどもおぢばがえり』には、不思議な力がある」と河田さん夫妻は口をそろえる。

「ドーン」とパレード開始を告げる花火が上がる。おやさとやかた真南棟南側のパレード出発点に立った拓也君は、真南棟の吹き抜け越しに、きらびやかなスポットライトと、沿道からの歓声が響く〝夢の舞台〟をまぶしそうに見つめていた。

そんな姿を眺めるうちに、拓也君が迷い込んだ〝迷路〟の出口は、ここだったのかと思った。

（『天理時報』平成19年8月19日号）

拓也君は「こどもおぢばがえり」が大好き。「鼓笛オンパレード」では、皆と足並みをそろえて元気に行進した

みんな〝たましいの家族〟

本心ぶつけ合い、絆強まる

「かあたん、今日バイト先でね……」
「これ、おいしいなあ」
「ご飯、おかわり！」

八人の〝教会家族〟が囲む夕餉《ゆうげ》の食卓は、とてもにぎやかだ。

宮本正弘《みやもとまさひろ》さん（愛昭《あいしょう》神《しん》分教会長・51歳）は、教会で預かっている五人の里子を見回して「私たちの家族です」と紹介した。取材に来たことを知った子どもたちは、記者を質問攻めにした。

その様子をにこやかに眺めていた宮本さんは、「この子たちを見ていると、里親になって本当に良かったと思う。私たち自身も信仰的に成人させてもらえるし、何より〝育ての親〟としての喜びを味わえるから」と〝昔語り〟を始めた。

〝難渋〟を抱える子どもたち

教会では以前から、地域の身寄りのない人や、生活に困った親子などを積極的に受け入れてきた。その中で、宮本さんはあることに気づいた。それは、身勝手な大人の犠牲になっている子どもがいかに多いかという現実だった。そしてその〝気づき〟は、いつしか「この〝難渋〟から自力で抜け出せない子どもたちを、せめて支えてやることができたら」という思いに変わっていった。

里親登録をしたのは平成十三年。上級・愛昭分教会の花《はな》井《い》基弘《もとひろ》会長が里親をしていたことがきっかけだっ

家族そろって朝夕の食事を取る

た。難渋を抱える子どもたちと向き合っていくことは、教祖《おやさま》の教えられる「大きなたすけ」だと、教会内でもすんなり受け入れられたという。

登録したころ、宮本さん夫妻は三人の子育ての真っ最中だった。長男の一《はじめ》さん（19歳）は当時、中学二年生。「思春期の長男がいる中で、里親を始めることに不安はあったが、里子とのふれあいを通して、日に日に表情が優しくなっていく様子を見て安心した」と宮本さんは振り返る。

ある日、一さんは父親に頼みごとをしてきた。教会で一時世話をしていた同い年の松山銀規《まつやまかねのり》さんを、教会に迎えてやってほしいと――。

〝心の居場所〟が教会にある

銀規さんは現在、十九歳。会長夫人の比登美《ひとみ》さん（47歳）の実家が営む工場で、一さんとともに住み込みで働いている。

教会から車で五十分。その工場を訪ねると、宮本さんの姿を見つけた銀規さんが、少し照れたような顔で迎えた。

宮本さんが初めて銀規さんと会ったのは十二年前、銀規さんが小学二年生のときだった。にをいがけで訪れた家のインターホンを鳴らすと、小さな男の子の声で

「お母さんとお兄ちゃんは、お引っ越ししちゃったよ」と言った。よくよく聞けば、両親は離婚して、父親と二人で暮らしているという。

以来、宮本さんは、この子のことが気になり、自宅へ通いつめた。やがて、銀規さんは夏と冬の長期の休みになると、教会へ遊びに来るようになった。

そんな銀規さんがある日、「教会から中学へ通いたい」と一さんに頼んだ。実はこのとき、銀規さんは父親から虐待を受けていたのだ。

一さんから話を聞いた宮本さんは、すぐに児童相談所へ連絡。本来なら「専門里親」（主に被虐待児を養育する、専門の研修を受けた里親）に委託されるケースだが、これまでの関《かか》わりと銀規さんの希望もあって、教会で預かることにした。

「里子を預かるようになって半年、息子なりに両親のやっていることを理解してくれたのだろう。ならば、銀規もたすけてやってほしいと。その優しさが、親として本当にうれしかった」と宮本さんは述懐する。

それからというもの、二人はまるで双子の兄弟のように育った。そして、この春には天理高校第二部をそろって卒業した。

「教会家族の一員として迎えてもらったことは、いまでも忘れない。今日まで何不自由なく育ててもらった分、これから親孝行をしたい」と銀規さん。仕事が休みの週末や月次祭の日には、欠かさず教会に帰ってくるという。

そんな銀規さんの姿は、教会にいるほかの里子の目には「いつも悩みごとを聞いてくれる、優しくて頼りになるお兄ちゃん」と映っている。

一方、小さな兄弟たちから頼りにされることで、独り立ちした銀規さんにとっては、いまも教会には確かな〝心の居場所〟があると感じているようだ。

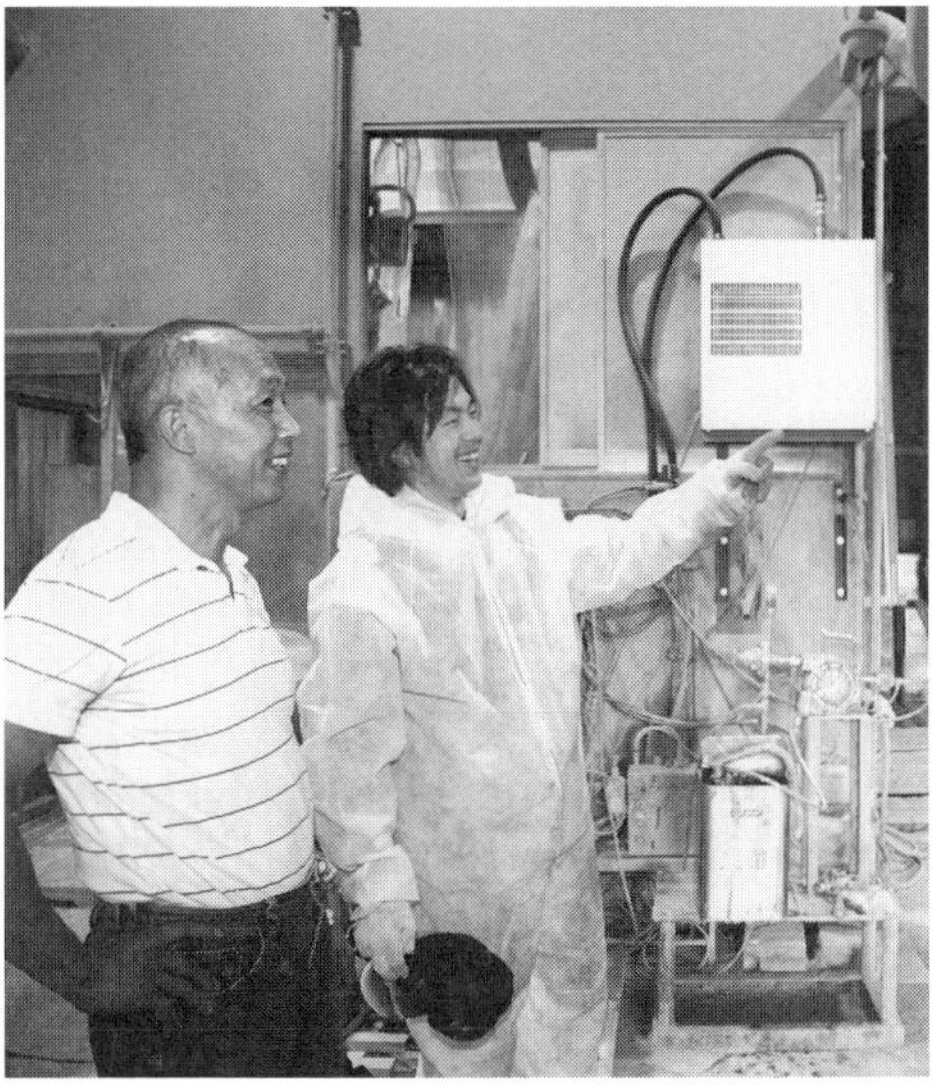
独り立ちして仕事を始めた銀規さん。それでも週末には教会に顔を出す

思い余って里子と衝突

夕食が終わっても、食堂のにぎやかな声はやまない。宮本さん夫妻を囲むように、子どもたちが自然と集まり、おしゃべりを楽しんでいる。女の子は比登美さんと内証話をしたり、男の子は会長の肩もみをしたりと、その様子は本当の家族さながらだ。

こうした光景は、いまでこそ日常のものだが、かつて宮本さん夫妻と里子との間には衝突が絶えなかった。それどころか、深夜に出歩いたり、家出をしたり、里子同士がけんかをしたりすることも、しばしばあった。

夫妻がこれまでに預かってきた子どもは二十五人を超える。そのほとんどが「短期里親」で、中学生から高校生の〝難しい年ごろ〟とされる

夕食後のひと時、宮本さん夫妻と子どもたちは家族団欒《だんらん》を楽しむ

思春期の青少年が多い。

「里子たちは、深夜徘徊《はいかい》や暴走行為など、自由気ままに育ってきた子が少なくない。預かる期間が短いので、どう接すればいいのかと途方に暮れたことが何度もあった」と宮本さんは言う。

しかし、そのたびに夫婦で話し合い、「私たちが逃げれば、この子たちは行き場を失ってしまう。〝教会に来る子は皆わが子〟と思って、精いっぱいの愛情を注いでみよう」と根気よく声をかけていった。もちろん、実子と同じように、叱《しか》るべきときは厳しく叱った。

「わが子のように思えば思うほど、思い余って衝突してしまうことがある。しかし親子の衝突は、お互いに本音をぶつけ合っている証拠。衝突しているときこそ、日ごろ言えない親の思いをはっきりと伝えられる。そんなぶつかり合いを繰り返す中から、お互いに分かり合えるようになったとき、里親をやってきて良かった、これからも頑張ろうと思える」と比登美さんは胸の内を明かす。

いまでも時折、小さな衝突はあるが、それを通して子どもたちは心を開くようになり、絆《きずな》が強まるのだという。その証拠に、短期里親を終えた後も、「教会に残りたい」と言う子どもや、週末を利用して教会に遊びに来る子が増えているそうだ。

体当たりの宮本さん夫妻の姿は、児童相談所でもよく知られており、いまでは地域外の児童相談所からも時折、扱いが難しい子の世話取りを頼まれるという（コラム参照）。

地域の良き理解者も

翌朝、教会の近所に住む五十代の男性がやって来た。その顔を見た子どもたちの背筋が、急にピンと伸びた。

「彼とは、もう十年来の付き合い。子どもたちにいつも心をかけてくれるのでありがたい。時には、私たちに代わって叱ってくれる、通称〝校長先生〟」と、宮本

コラム　広がる教会の評判

現在、教会で預かる里子は男女５人。実はその全員が、教会のある地域を管轄する児童相談所を介して委託された、地域外の子どもたちだ。

宮本さんが里親登録をした児童相談所に当時勤務していた日比野《ひびの》雅彦《まさひこ》さんが、転勤先で夫妻の話を紹介したところ、各地の児童相談所からも依頼されるようになったという。

児童相談センター長を務める日比野さんは、次のように話す。

「宮本さん夫妻の、どんな子に対しても常に献身的に接する姿に心打たれ、いまもお付き合いをしていただいている。また、いつも嫌《いや》な顔ひとつせず引き受けてくださるので、別のセンターで引き受け先がないときは、無理を言ってお願いしている。

これまで数カ所の児童相談センターを回ってきたが、宮本さん夫妻のほかにも、行く先々で天理教の方々のご協力を頂いている。各地で行われている天理教の里親の集まりにも参加したことがあり、教会ならではの安心できる雰囲気が印象に残っている。

これから里親のニーズがさらに高まっていくことは間違いない。天理教の方々には、一人でも多くの子どもたちの自立を支えていただければと期待している」

さんが笑いながら紹介した。

教会の信者ではないが、里子に対して「教会で世話になっているのだから、教会のルールは守らないといけない」と、おつとめを勤めるように諭してくれるという。里子が家出をしたときは、一緒に夜通し捜してくれたこともあった。

その〝校長先生〟は「私はただ、この子たちが好きなだけ。みんな素直でかわいいからね」と優しい眼差《まなざ》しを向ける。

里親を始めて六年半。「これまでたくさんの人に支えられてきた」と宮本さんは言う。「その人たちは、教会という〝たすけの道場〟に関《かか》わってくださる、いんねんのある人たち。なぜなら、教会に引き寄せられた私たちは、みんな〝たましいの家族〟なのだから」と、しみじみ語る。

そんな宮本さんの思いを知ってか知らずか、里子の一人が「今度生まれ変わったら、〝どうたん〟と〝かあたん〟の子どもがいいな」と突然つぶやいた。

うんうんとうなずく夫妻の目に、うっすらと光るものがあった。

（『天理時報』平成19年9月16日号）

実子がいない夫婦の決断

不思議な〝お引き寄せ〟頂いた家族

昔ながらの路地が入り組む市街地。冷たい雨の降る午後、秋津守《あきつかみ》分教会を訪ねると、会長の丹出道侑《たんでみちゆき》さん（51歳）と夫人の典子《のりこ》さん（44歳）が出迎えてくださった。夫妻の話を伺っていると、長女の七瀬《ななせ》さん（仮名・12歳）が学校から帰ってきた。笑ったときの口元や目の辺りが典子さんに似ている。「姪《めい》と私の顔が似ていると、親類からよく言われるけど、七瀬とは、もっと似ているみたい」と典子さん。

七瀬さんに「お母さんに似ていると思うところは?」と尋ねると、「横着で、片づけが苦手なところ」と即答。「もっといいところを似なさいよ」と笑顔で話す典子さんは、「やっぱり、妹や弟を叱《しか》る口調も私にそっくりやしね」と、娘と顔を見合わせた。

その七瀬さんは平成九年十二月、当時二歳九カ月で、丹出さん夫妻の養子に迎えられたと聞いた。

〝ある現実〟を知ったとき

丹出さん夫妻が里親登録をしたのは十年ほど前。現在、七瀬さん、美央《みお》ちゃん（仮名・8歳）、優也《ゆうや》君（仮名・5歳）の三人を養子縁組で育てている。

結婚後、夫婦の間に子どもが授からず、長い間、不妊治療を受けた。経済的・精神的に負担を感じ始めたころ、丹出さんの知人から「里親登録という制度もある」と聞いた。

当時、典子さんは三十二歳。不妊治療を続ける中で、「血のつながった子どもを産まなくては」というプレッシャーを感じていたと振り返る。「親や友人からは『あなたはたくさん子どもを産みそう』と言われていたし、私自身も、

家族で勤める夕づとめ。子どもたちは月次祭にも参拝している

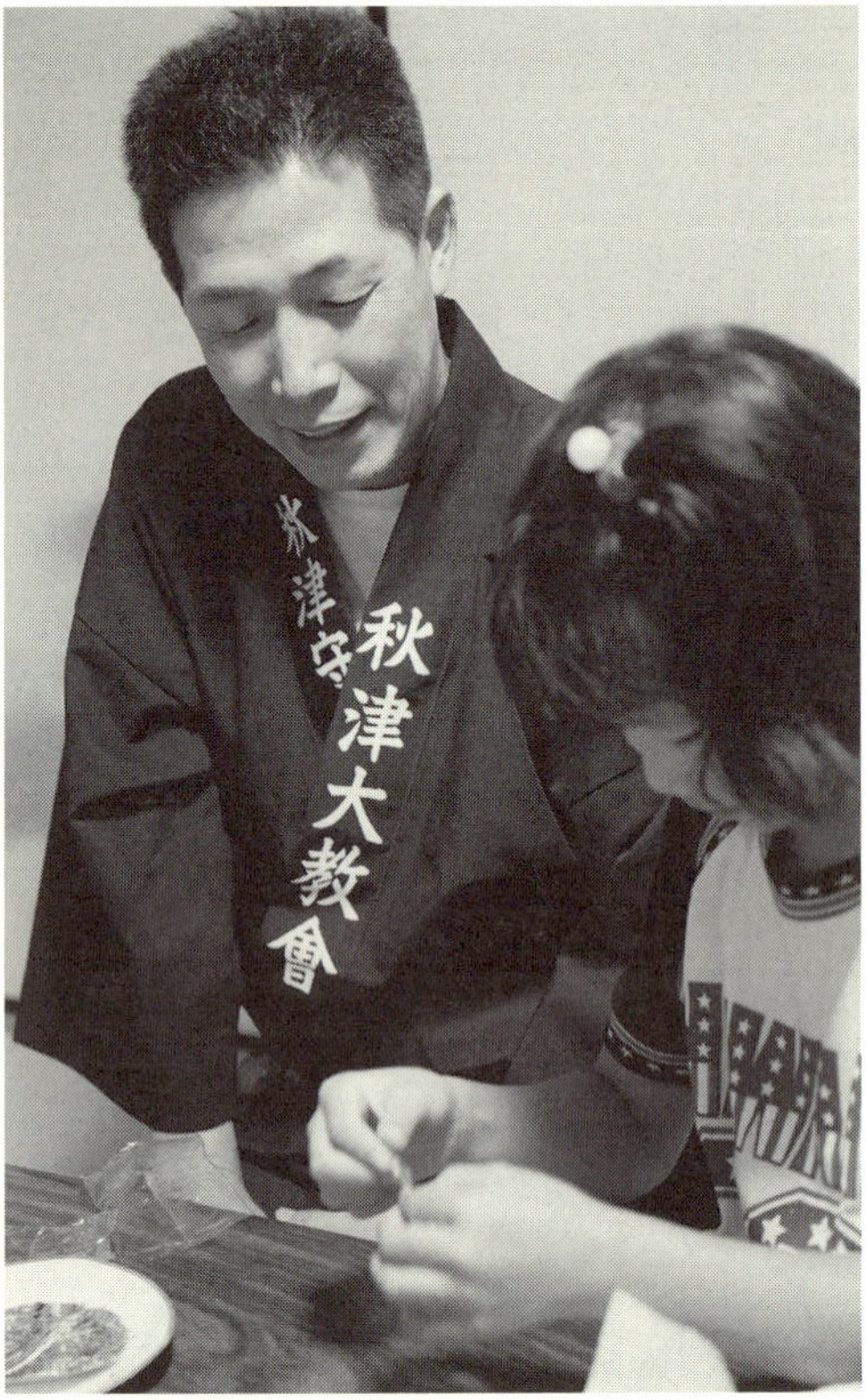

「鶴の折り方、教わってきた！」。日々成長する子どもの姿を、丹出さんは優しく見守る

結婚したらすぐに授かると思っていた」だけに、里親登録の話を夫から持ちかけられたときは、戸惑いを隠せなかったという。

しかし、夫婦で話し合いを続ける中で〝ある現実〟を知り、典子さんの心は大きく傾いた。現在、施設などで暮らす子どもは約四万人。そのうち、里親などの家庭に引き取られるのは、わずか一割にも満たないという現実だった。「家庭の温《ぬく》もりを知らない子どもたちを、一人でも多くたすけさせていただきたい」。丹出さん夫妻は決心した。

早速、県の児童相談所に里親登録。そのとき初めて、里子を戸籍上で「実子」とする「特別養子縁組」（67ページコラム参照）の制度を知った。

「実子がいない私たちにぴったりの〝おたすけ〟かもしれない」と、丹出さん夫妻は特別養子縁組を選択。その後、社団法人「家庭養護促進協会」の大阪事務所にも相談し、健康面や経済状況などの審査を受け、特別養子縁組の資格を得た。

真の親子となるために

登録から二カ月後、事務所から紹介された一人の女の子が七瀬さんだった。乳児院で食事をしている姿を見た丹出さんは「明るくて、かわいい子だな」と思った。事務所のスタッフが「奥さんにそっくり」と驚く様子に、典子さんも不思議な縁《えにし》を感じたという。

それから三週間、丹出さん夫妻は研修を受けながら、七瀬さんとの心の距離を縮めていった。こうして教会に新たな家族を迎え入れた。夫妻は、親になれた喜びで胸がいっぱいになった。引き取られた当日こそ大泣きをし、部屋の隅でうずくまっていた七瀬さんだが、すぐに新たな生活にも溶け込んだ。

やがて、テーブル上のお茶をわざとこぼしたり、スプーンでご飯を放り投げたりと、さまざまないたずらをした。これは、里子として引き取られた直後によく見られる行動で、「ここまでやっても私を受け入れてくれる?」と里親を試しているのだ。「半年間は、とにかく怒らずに」と児童相談所の職員から指導を受けていた夫妻は、こうした〝試しの行動〟にも優しく応じた。

七瀬さんとの間に新たな絆《きずな》を育《はぐく》む「親子むすび」は、一つの家族となるための重要なプロセスだった。ジュースを哺乳瓶《ほにゅうびん》で飲みたがるなどの〝赤ちゃんがえり〟にも根気よく付き合った。

それは子育て経験のない丹出さん夫妻にとって、想像以上に大変な試練だった。時には大声で叱ることもあった。典子さんは心労で六キロもやせたほど。しかし、そうした葛藤《かっとう》は、夫妻と七瀬さんが真の親子となる〝産みの苦しみ〟とも言えた。何をしても何を言っても許し続ける夫妻の態度に、やがて七瀬さんの心は落ち着きを取り戻していった。

大きなハードルを越えて

特別養子縁組をした家族は、もう一つの大きなハードルを越えなければならない。

それは、実の親子でないことを本人に告知する、つらい〝儀式〟である。

一般に、その選択肢《せんたくし》は二つあるといわれている。「小さいころから言って聞かせる」「二十歳くらいになって初めて知らせる」というものだが、丹出さん夫妻は前者を選んだ。三歳になった七瀬さんに「血はつながっていないけれど、親子だよ」とさりげなく伝えたが、本人はよく分からなかったようだ。

七瀬さんが五歳のとき、二女の美央ちゃんが教会に引き取られた。当時わずか一歳。「お母さんに『妹ほしい?』と聞かれて、『うん』と返事をしたら、すぐに美央が来た」と、七瀬さんはかすかな記憶をたどる。

やがて、友達の母親が妊娠した姿を見て気づいたのか、時折「私はお母さんのお腹《なか》の中から生まれたんやな?」と、確かめるように聞いて

コラム　特別養子縁組

原則として6歳未満の子どもの健やかな生活・成長のために、子どもと実親との法律上の親族関係を消滅させ、安定した「養親子」関係を成立させる制度。昭和63年の施行初年は3,000件を超える縁組があったが、その後は年々減少。現在、年400人程度の成立状況という。

戸籍上では、父母欄に「実父母」の氏名は記載されず、続柄欄には「長男」「長女」と書かれるため、法的にも実子と変わらない扱いとなる。

一方、「普通養子縁組」の場合は、戸籍の父母欄は「実父母」「養父母」双方の氏名があり、養父母との続柄が「養子」「養女」とされる。

きた。そのたびに「ううん、お母さんから生まれたんじゃないんだよ」と告げざるを得なかった。それは典子さんにとって、身を切られるような告白だった。

七瀬さんが小学一年生になったある日、泣きながら訴えた。

「お母さんのお腹から生まれたかった……」

典子さんは優しく語りかけた。

「ありがとう。お母さんも七瀬を産みたかったけど、産めへんかった。ごめんね。今度生まれ変わるときは、お母さんのお腹から生まれてきてね」

七瀬さんは、ぽつりと「そうする」と答えた。

それから三年後、当時二歳の優也君が引き取られて、家族は五人になった。美央ちゃんのときも、優也君のときも、やはり七瀬さんのときと同じように「親子むすび」に悪戦苦闘した。「血のつながりはない」という事実も、折を見て、それぞれに伝えた。

丹出さんは言う。

「うちは家族五人、誰《だれ》も血がつながっていない。でも、こうして毎日楽しく過ごさせてもらっている。神様の不思議な〝お引き寄せ〟を頂いて、目には見えないけれど、強い絆で結ばれている。私たちは、確かに家族なんです」

子どもの声が響く教会へ

丹出さんと典子さんと、三人の子どもたちが暮らす小さな教会。かつて、この教会は、会長夫妻と信者による〝大人だけの教会〟だった。いまでは、子どもたちの明るい声が常に響く教会になった。「教会に来た子どもさんらは幸せやなあ、よろしいなあ」と、信者たちは参拝に来るたびに目を細めているという。

午後六時の夕づとめを、会長夫妻と子どもたちで勤め終えると、典子さんと七瀬さん、美央ちゃんは台所で夕食の準備に取りかかった。今日のメニューはカレーライス。ゆでたまごの殻をむいたり、サラダに使うキュウリを切ったりと、姉

夕食の支度をしながら、楽しそうなおしゃべりが続く。金曜と土曜は、子どもたちが後片づけをする決まりになっている

妹はお手伝い。やがて五人仲良く食卓を囲み、学校や保育園での今日一日の出来事を、われ先にと話し始めた。

◈

「子どもに恵まれず、悩んでいるご夫婦に、里親という家族の絆の結び方があることを知ってもらいたい。もし子どもを授からなかったら、『里親という大きなおたすけのチャンスを頂いた』と、前向きに考えて一歩を踏み出してほしい。私たち家族が、悩んでいるご夫婦に『里親になって幸せです』と話せる一つの例になれたら……」と丹出さんは話す。

取材を終え、あらためて食卓を囲む家族を見回した。笑うと目がすっと細くなるそれぞれの顔が、実によく似ていた。やはり、家族だと思った。

（『天理時報』平成19年10月28日号）

一期一会の縁

「ただいま」と帰れる幸福

大名《だいめい》分教会の玄関先には、鳥かごが四つある。灰色の体に鮮やかなオレンジ色のくちばしを持つ小鳥が、「チー、チー」とかわいい声で鳴いていた。

出迎えてくださった会長の堀田利行《ほったとしゆき》さん（61歳）は「キンカチョウといってね。半年ほど前に知人に六羽譲ってもらった。すると、ひなが次々と生まれて、いまは全部で十二羽。あっという間に、わが家の人数に追いついちゃったよ」と笑う。

〝家族の味〟と信仰の雰囲気を

現在、教会で暮らすのは全部で十二人。そのうち里子は、高校生二人と小学生二人の四人。六年前、堀田さん夫妻が養育里親として登録した当初、委託される子どもは、短くて一週間足らず、長くても数カ月という短期のケースがほとんどだった。「嵐のようにやって来て、嵐のように去っていく感じ。親の温《ぬく》もりを感じてもらいたいと思っても、こちらの気持ちを伝えるいとまもなく、教会を出ていくことが少なくなかった」と夫人の明子《めいこ》さん（59歳）は振り返る。

実親とコミュニケーションを図ることも容易ではなかった。里子が学校などで問題を起こすと、どこから聞きつけたのか「いったい俺《おれ》の子にどんな教育をしているんだ！」と実親から抗議の電話がかかってきたこともあった。

そんな出会いと別れを二十人ほど繰り返す中から、いつしか夫婦の心に、縁のあった子どもとの一期一会《いちごいちえ》を大切

「子どもたちが皆、おつとめや神様の話を大好きになってくれるのが何よりうれしい」と堀田さん

にする気持ちが芽生えてきたという。児童相談所から依頼があれば、どんなケースも進んで受け入れ、家庭環境の改善などで子どもが実親に引き取られる日が来るまで、精いっぱい世話取りをさせていただこう。そして、その間に少しでも〝家庭の味〟を味わわせ、信仰の雰囲気にもふれさせてやりたい――と。

「将来、元の家庭へ戻ったとき、その子が少しでもお道の信仰に親しんでいれば、きっとその〝心の種〟が、家族の運命を良い方向へと向かわせるのではないか。そんな祈るような気持ちで送り出すんです」と堀田さん。

日が沈みかけたころ、「ただいま」と高校一年生の女の子が帰ってきた。「おかえり」とひと声かけた後、堀田さんは「あの子はじっくりと、手元で育ててやらねば」とつぶやいた。

〝いい子〟過ぎることへの不安

加藤優子《かとうゆうこ》さん（仮名・16歳）が教会へやって来たのは昨年夏。一人っ子だった優子さんは、五年前に父親を亡くした。さらに昨年七月、今度は母親が事故で急逝《きゅうせい》した。

悲劇はそれだけで終わらなかった。両親に先立たれた優子さんに追い打ちをかけるように、親類が優子さんの養育を拒んだのだ。優子さんのことを気にかけていた母方の祖父母も、高齢のため引き取るには至らなかった。葬儀の後、自宅に一人取り残された優子さんは、心配して訪ねてきた担任の教諭宅で数日間を過ごした。

そんな優子さんを預かってほしいと、児童相談所から連絡があったとき、堀田さんは「正直、少し戸惑った」と打ち明ける。わずか十五歳で天涯孤独の身となった優子さんのようなケースは初めてだったからだ。

「ほかの子たちは、両親が離婚したり、一時的に虐待を受けたりしていても、実の親がいる。しかし、この子にはもう『ただいま』と帰る家も、『おかえり』と出迎えてくれる家族もいない」

夫婦で談じ合いを重ね、「とにかく、これまで預かった子どもたちと同じように、精いっぱい愛情を注いで育てよう」と心を定めた。

正式に委託が決まり、優子さんが教会へやって来た。教会生活にも比較的スムーズに溶け込み、当初の心配は杞憂《きゆう》だったかと思われたが、堀田さんは一抹《いちまつ》の不安を拭《ぬぐ》い去れなかった。これまでの子どものように、暴れたり、ふさぎこんだりということもなく、むしろ〝いい子〟過ぎたからだ。

「中学生の女の子が、あれだけつらい目に遭《あ》って、平気でいられるはずがない。私たちに対して、本当に心を開くまでには、まだまだ時間がかかるかもしれない」

その不安は半ば当たっていた。優子さんは、当時の心境をこう語る。

「正直言って、どうせ本当の家族みたいにはなれっこない。赤の他人の私が来ても、迷惑なだけと思っていた」

なぜか心が落ち着く場所

転機が訪れたのは、夏休みが終わりに差しかかり、優子さんが教会に来て一カ月が過ぎようとするころだった。本部月次祭の日に、教会を挙げて団参することになった。もちろん、優子さんにとって初めてのおぢば帰りだった。

団体の後ろから、とぼとぼとついていく優子さんが、神苑に一歩足を踏み入れた瞬間、懐かしいような不思議な安堵《あんど》感に包まれた。「なぜ、こんなに心が落ち着くんだろう」と。

ある日、教会の朝づとめ後の朝席で聞いた「おふでさき」のことが思い浮かんだ。

家族がそろって食卓を囲む。この当たり前の日常が〝幸せの種〟となる

せかいぢういちれつわみなきよたいや
たにんとゆうわさらにないぞや　（十三　43）

その一節を会長が読み上げたとき、優子さんの心にパッと明るさが広がったような気がした。

以来、優子さんは教祖《おやさま》のひながたとその教えに興味を持つようになり、お道の本を読み始めた。その後も、本部お節《せち》会や「こどもおぢばがえり」のひのきしんに参加したり、「学生生徒修養会・高校の部」を受講したりするなど、幾度となくおぢばへ足を運んだ。最近では、クラスメートを誘って教区学生会の活動にも積極的に参加している。

教会に来た当初と比べ、見違えるほど快活になった優子さんは、いまの自分をこう見ている。

「実は、小さいころから人と話すのが苦手で、内気な性格だった。なんだか私、教会に来てから少し変わったみたい」

「行ってきます」「行ってらっしゃい」。毎朝、何げなく交わすあいさつも、家族の大切なコミュニケーションだ

将来の夢もある。「大学で福祉の勉強をして、ゆくゆくは社会福祉士の資格を取りたい」と。教会家族や児童相談所の職員らと接する中で、「困っている人の役に立ちたい」という思いが強くなってきたと話してくれた。

おぢばが大好きな少女に

「行ってきまーす」。翌朝、元気にあいさつをして登校する優子さんの後ろ姿を見送りながら、堀田さんはこう言った。

「優子が何より求めていたのは、『行ってきます』と『ただいま』を言える場所だったのでは。そう考えると、あの子がおぢばを大好きになった理由も分かる気がするんです」

◈

十一月中旬の週末、親里大路のイチョウ並木が黄金色《こがねいろ》に染まるころ、教会家族がおぢばへ帰った。

この日は、高校三年生の里子が別席を運ぶ日。そして、里子の小学生姉妹の父親も、初席を運ぶために同行していた。一行は参拝を終えると、別席場へ。その中に優子さんの姿もあった。「来年の誕生月から別席を運んで、一日も早くおさづけの理拝戴《はいたい》を」と、その日を心待ちにしている。

晩秋の神苑を、付かず離れず話をしながら別席場へ向かう一行。その後ろ姿は、幸せそうな家族そのものだった。

◈

後日、堀田さんに電話をかけた。その中で、教会の玄関先にいたキンカチョウについて調べたことを伝えた。

この鳥は、生態的に巣引きが下手《へた》で、特に飼育下では抱卵せず、ひなが生まれても子育てをしないことが多い。そのため〝仮親〟として、ジュウシマツなどの鳥に卵やひなを預けて世話をさせるという――。

これを聞いた堀田さんは「鳥の世界にも〝里親制度〟があるんだね。そうすると、うちの教会のキンカチョウ家族は幸せだねえ。ちゃんと卵を抱いて世話をするから。教会はよほど居心地がいいのかな」と、受話器の向こうで明るく笑った。

（『天理時報』平成19年12月9日号）

つかの間の家族団欒

そこに帰りたい家がある

この冬一番の冷え込みとなった年末のある日、一台の軽自動車が山あいの児童養護施設へ向かった。冬枯れの木立ちに囲まれた施設は閑散としている。ほとんどの子どもたちが実家に帰っているからだ。

「元気だったか?」。和田雅晴《わだまさはる》さん(生立《せいりつ》分教会長・65歳)は、学生服姿の少年に明るく話しかける。少年は照れたように笑いながら、コクリとうなずいた。

中学一年生の藤田優樹《ふじたゆうき》君(仮名)は、やむを得ない事情から施設で暮らしており、お盆や年末年始などの長期の休みの間だけ教会に戻る。この日は、優樹君にとって四カ月ぶりの〝里帰り〟だった。

教会へ向かう車中、和田さんとハンドルを握る長男・晴喜《はるき》さん(35歳)に向かって、優樹君は最近の出来事を次から次へと話す。それはまるで、〝家族〟の空白の時間を埋めようとする姿にも見えた。

「里親失格」と思われても

教会に到着すると、教会家族がそろって参拝する。会長夫人の恵美子《えみこ》さん（59歳）は「今日からまた、にぎやかになるわねえ」と、うれしそうな声で優樹君を出迎えた。

和田さんが里親登録をしたのは十五年ほど前。その三年前に父親から会長職を引き継いだが、「行き詰まりを感じ始めた」ころに、同じ支部内で里親をしている教会長に勧められたのがきっかけだった。

現在、教会では十九歳と小学四年生の里子を育てる傍《かたわ》ら、夏や冬などの長期の休みに施設の子どもたちを預かる「季節里親」（86ページコラム参照）も務めている。年末に

久しぶりに〝母親〟の温もりにふれ、少し照れた様子の優樹君

なると、教会の所在する県の施設から、四人の子どもたちがやって来る。

優樹君もその一人。ただ、ほかの子と少し事情が違うのは、すでに小学二年生から五年間、里子として教会で過ごした経験があることだ。

「実は、教会で預かっていた優ちゃんを施設へ帰したのは、ほかならぬ私たちなの」

と恵美子さんは打ち明けた。

「里親の役目は本来、親の愛情をかけてもらえない子どもたちに家庭の味を教えること。その役割を果たすべき私たちが、優ちゃんを施設へ帰したことで〝里親失格〟と思われるかしら?」

突然の問いかけに、答えがなかった。ただ、その夜に優樹君との五年の日々を記録したアルバムを見たとき、和田さん夫妻がいかに愛情込めて育てたかが分かった。百枚以上に及ぶ写真の中の優樹君は、どれも愛くるしい表情で微笑《ほほえ》んでいたからだ。

「ADHD」と義父の虐待

平成十四年三月、地域の児童相談所から教会へ一本の電話がかかってきた。

「なかなか受け入れ先の決まらない子がいるんだけど、和田さんのところで預かってもらえないだろうか? 一週間様子を見て、預かるのが難しいと思ったら、帰し

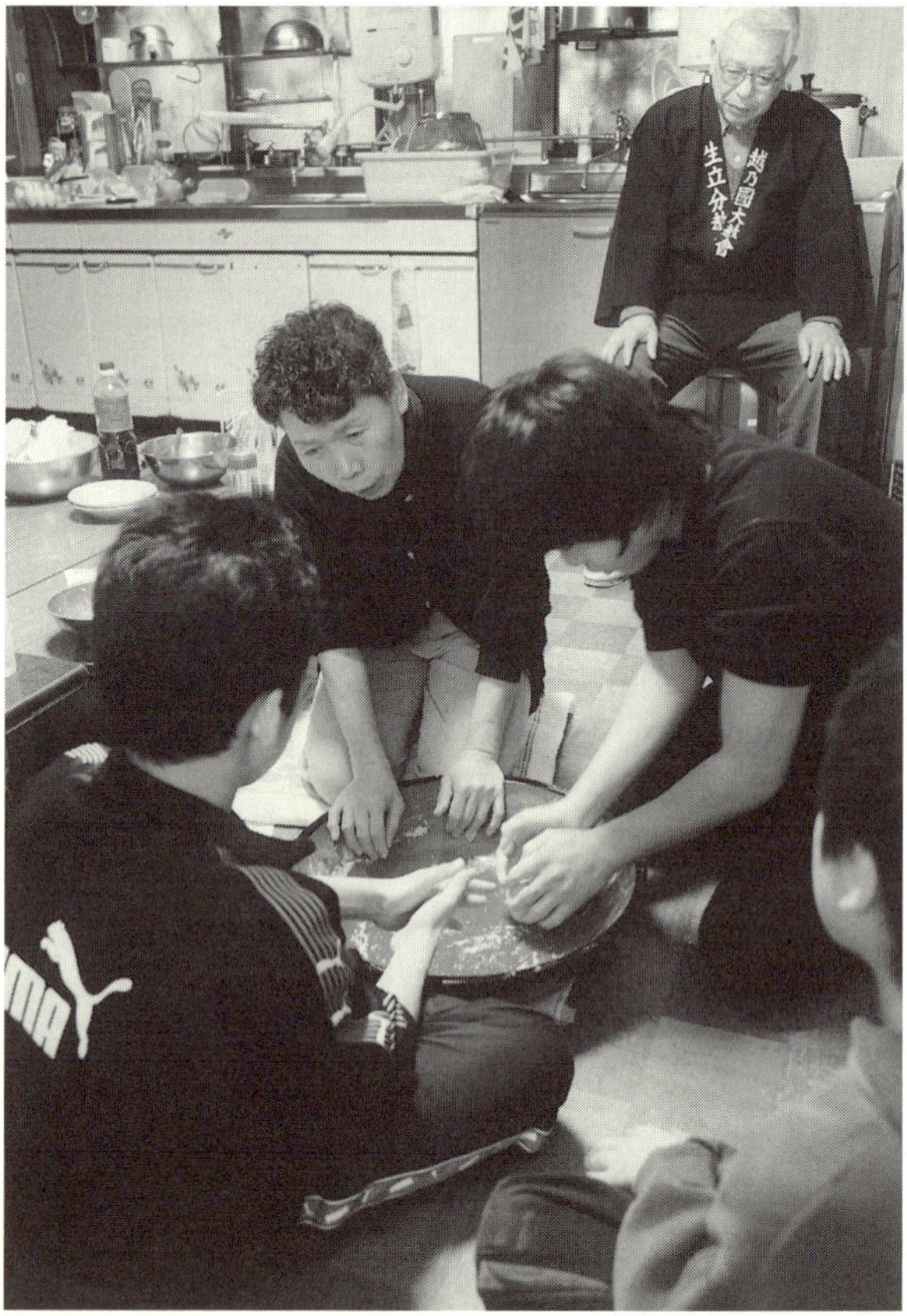

家族でそばを打つ。何げない日常の経験が、子どもたちにとっては家庭の味を知る貴重な機会となる

てくれてもいいから……」

児童相談所では、家庭に恵まれない子どもの安定的な成育環境を確保するうえから、里親や施設へ子どもを委託する。それまでの間、相談所で一時的に預かるのだが、普通はそう長くない。

その子の場合、委託先が見つからず、相談所での一時預かりは異例の四カ月にも及んだ。聞けば、その子には「注意欠陥多動性障害（ADHD）」があり、母親の再婚相手から虐待を受けていたという。

「これも縁だろう」と、和田さんは引き受けた。その子こそ、小学二年生に上がる直前の優樹君だった。

教会に来て間もなく、優樹君は、いろいろと問題を起こした。なかでも一番厄介《やっかい》なのは、教会家族の財布からお金を盗んだり、店で万引をしたりすることだった。「とにかく善悪の判断がつかない。何度叱《しか》っても、そのたびに嘘《うそ》をつく。やって善いことと悪いことを学習できずに、何度も繰り返した」と恵美子さんは当時を振り返る。

ある事件を起こしたときの反省文がある。優樹君は、自分ではどうにもできない感情を次のように記している。

「ぼくはなぜ、こんな何回も悪いことをしてしまうんだろう。悪いことをとめられなかったら、いつまでたっても、もどれないよっていわれているのに、なぜかやってしまうんだ。ぼくは、カバンやサイフを見たらすぐ取るくせがある。（中略）ぼくは、本当に悪いなあと、思っています」

あの子なりの〝生きる知恵〟

優樹君が問題を起こすたびに、和田さん夫妻は頭を下げて回った。そして、児童相談所の職員や発達障害の専門家、学校の担任やスクールカウンセラーなどに何度も相談した。その都度、異口同音に「施設に預けたほうがいい」と言われた。それでも夫妻は、その助言を頑《かたく》なに拒んだ。「親の愛情を受けずに育ったこの子は、悪さをしてでも人の関心を自分に向けようとする。それは、あの子なりの〝生きる知恵〟」と受けとめ、なんとか立ち直らせようとした。

優樹君をトラブルメーカーのように見る向きもあったが、優しい眼差《まなざ》しを注ぐ周囲の大人は少なくなかった。

優樹君が二、三年生のころ、産休の担任に代わってクラスを受け持った臨時の女性教員（35歳）は、ほかの学校へ移るとき、恵美子さんにこんな手紙を渡した。

「優樹君と出会い、子どもとはこんなにも激しくぶつかってくるものかと初めて知りました。そして、優樹君を愛《いと》しく思いました。他人の子でもこんなに愛しいのなら、自分の子だったらどんなに愛しいかと思うようになり、（生活上の問題で）あきらめていた子どもを持とうかと考えるようになりました。それは優樹君のおかげです」

里子自身も変わらなければ

気長に見守る日々にも、やがて限界が来た。優樹君が小学六年生のとき、和田さん夫妻はついに決断を迫られた。当時、優樹君の問題行動はさらにエスカレート。大金を盗んだことが発覚し、恵美子さんが問い詰めたところ、その手口を自慢するように話したのだ。

恵美子さんは、以前に優樹君を施設に預けることを勧めたメンタルケアの専門家の話を思い出した。

「もう、優樹君自身が変わらなければいけない時期に来ている。これまでとは違う、施設という厳しい環境に身を置いたとき、優樹君の心に何らかのスイッチが入ると思う。それは良いほうのスイッチなのか、悪いほうのスイッチなのか分からないが、和田さんの家で暮らした五年の日々がカギになるだろう」

年末、和田さんは優樹君を施設へ迎えに行った

恵美子さんは「教会で愛情いっぱいに育てるのが一番だと信じてきたが、本当にそうなのだろうか。里子には、さまざまなケースがある。その子が将来、どうすれば自立できるようになるのか、そのためにどうすればいいのかを考えるのが、本当の親心ではないか」と気づいたのである。

数日後、夫婦で話し合った結果をもとに児童相談所へ赴《おもむ》いた。そして「一度、優樹を施設へ戻そうと思う」と切り出した。

恵美子さんは優樹君にも事の次第を話した。「中学の三年間は施設で暮らすことになった。頑張っていい子になったら、また教会で過ごせるからね」。恵美子さんの毅然《きぜん》とした態度に、優樹君は何かを感じたのか、素直にうなずいた。

恵美子さんは言う。「一緒に住むだけが

コラム　季節里親

季節里親とは、夏や冬などの長期の休みに、さまざまな事情で親元へ帰れない施設の子どもたちを預かる里親のこと。自治体によって、名称、実施方法などは異なる。

施設で暮らす子どものほとんどは、定期的に親や親族に面会したり、外泊（帰宅）したりする機会を持つ。しかしながら、親の面会が途絶えたり、親の行方が分からなくなったりした子どもの場合、盆や正月に施設に残って寂しい思いをしないようにと、季節里親が数日間預かり、つかの間の家族団欒《だんらん》を味わわせる。

季節里親は子どもを預かる期間が短いので、里親に関心を示す人が手始めに経験する〝入門コース〟にもなっている。

家族ではない。自分のことを温かく見守ってくれる人がいると思えること、そこに帰りたいと思う家があることが大事なのでは」と。

◈

年が明けた。久しぶりの家族団欒《だんらん》の日々は瞬《またた》く間に過ぎ、優樹君が施設に戻る朝が来た。年末、教会へ帰ってきたときと同じように、和田さん夫妻と長男夫妻、ほかの里子たちと神殿で一緒に参拝した後、独り車に乗り込んだ。

笑顔で見送る和田さん夫妻。車の窓を開け、じっと見つめる優樹君。恵美子さんは「また帰っておいで」と明るく声をかけながら、何度も何度も頭をなでた。

優樹君は、ふいにこう言った。

「また、春休みに帰ってくるから。悪いことをせずに、ちゃんと帰ってこれるようにするから……」

恵美子さんは必死に涙をこらえながら、走り去る車に向かって、いつまでも手を振り続けていた。

(『天理時報』平成20年1月20日号)

養子縁組という選択

「息子になって恩返しがしたい」

「ところで、今日はチョコ何個もらってきた？」

夕食前の食卓。菅野佳伸《かんのよしのぶ》さん（春美佳《はるみよし》分教会長・63歳）は、高校から帰宅したばかりの健治《けんじ》さん（仮名・16歳）に冷やかし気味に尋ねる。すると、ほかの子どもたちも、何かを期待するような視線を一斉に健治さんへ向けた。

「さあね」ととぼける健治さんに、今度は会長夫人の恵子《けいこ》さん（56歳）が「健ちゃんは〝モテる〟からね」とサグリを入れると、「荷物は〝持てる〟んだけどね」とごまかし、少し照れた様子で夕食の準備を手伝い始めた。

教会を訪ねたのは二月十四日。恵子さんと里子の女の子（５歳）が、夕食の準備をしながらバレンタインデーのチョコレートを配ると、教会家族の男性たちは大はしゃぎ。その様子を笑顔で眺めていた菅野さんは、「健治と暮らし始めて十五年。

思春期の難しい年ごろだけに、お互い、言うに言えないこともあるが、家族を思いやる優しい子に育ってくれている」と目を細めた。

家族全員〝川の字〟になって

健治さんが教会にやって来たのは、まだ物心もつかない一歳六カ月のころ。妻を病気で亡くし、仕事で家を空けることの多かった父親が「とても一人では育てられない」と児童相談所へ相談。「施設より里親がいい」と父親が希望したため、児童相談所から教会へ連絡が入った。

当初、突然の生活環境の変化からか、幼い健治さんは、年の離れた菅野さん夫妻の三人の実子たちとなかなかなじめな

神殿そうじを手伝うのも日課の一つ

かった。

夫妻は、試行錯誤を重ねる中で「里子も実子も特別扱いしない。私たちは〝親神様によって引き合わされた家族〟」との答えにたどり着いたという。

その後は、おつとめやひのきしんはもちろん、食事や外出なども皆一緒にすることを心がけた。夜も、家族全員が一部屋で〝川の字〟になって寝るようにした。「健治を預かって四年間は、里子は健治一人だったので、家族みんながじっくりと健治に向き合うことができた」と菅野さん。長女の道子《みちこ》さん（29歳）も「私たちにとっては、ちっちゃな弟が一人増えた感じ。日を重ねるごとに『お姉ちゃん』と甘えてくれたことがうれしかった」と振り返る。

コラム①　補導委託制度

「補導委託」とは、家庭裁判所が罪を犯した少年の最終的な処分を決める前に、民間のボランティアにしばらく預け、仕事や通学をさせながら生活指導を行う制度。

委託先は製造業や農家、飲食店の経営者などの個人のほか、児童福祉施設や更生保護施設などさまざま。少年を家庭的な環境に置き、あるいは生活環境を変えて、規則正しい生活習慣を身につけさせ、再非行の防止を目指すものである。

家庭裁判所では、罪を犯した少年について、保護観察や少年院送致などの処分を決めるが、しばらく生活態度などを見てから処分を決めることもあり、これを「試験観察」という。補導委託は、この試験観察中に必要に応じて行われる。

菅野さんが里親登録をしたのは二十一年前。その数年前から、同じ地域の保護司の推薦《すいせん》で「補導委託先」を引き受け、非行少年などの更生に力を尽くしてきた（コラム①参照）。そんな中で菅野さんは、家庭環境に恵まれないがゆえに、非行へ走る青少年の実態を目の当たりにした。そして「自分の力では難渋な状態から抜け出せない子どもたちに、なんとか手を差し伸べてやりたい」と、以前から関心のあった里親登録を決意したという。

これまでに預かった子どもは十三人。現在、中学三年生一人と五歳が二人、二歳一人の計四人の里子を育てている。

恵子さんは「里親と里子は、基本的には一時的な仮の親子関係。教会から巣立っていくことは喜ぶべきことだけど、寂しさもある」と言った後、少し間を置いて「実は健治も、最初は親元へ返すつもりでいた」とつぶやいた。

父親の急逝で天涯孤独の身に

健治さんが教会で暮らし始めた当初、父親は二、三カ月に一度は面会に来ていた。ところが三年、四年と日が経《た》つにつれて少しずつ回数が減り、いつしか連絡が取れなくなった。

このころ健治さんは小学二年生。初めは、父親との別れ際に泣いて菅野さん夫妻を困らせたが、連絡が途絶えるようになると、「最近、おじさんが来ない」とぶっきらぼうに言った。そのうち、教会家族と暮らす日々と、薄れゆく父親の記憶の狭間《はざま》で心が揺れ動いたのか、「僕はこの家の子？　ここにいてもいいの？」と聞くようになった。

答えに窮《きゅう》した菅野さんは、とっさに「健ちゃんは『菅野健治』。皆、同じ家族なんだよ」と言った。

「健治の寂しそうな顔を見ていると、親に見放されたという思いだけは味わわせたくなかった」と菅野さんは振り返る。

しかし数年後、児童相談所から連絡が入って、事態は急変する。父親が急逝《きゅうせい》したのだ。

「健治は、自分が里子だと気づいているのか」「もっと早く伝えればよかったのか」……いつ、どのタイミングで真実を伝えればいいのか、夫妻の悩みは日増しに膨《ふく》ら

登校前と帰宅後、里子たちは参拝を欠かさない

んだ。夜を徹して話し合う日もあったが、答えは見つからなかった。

数年後、一つの転機が訪れた。健治さんが中学一年生のとき、児童相談所から新たに小学六年生の男の子を預かってほしいと依頼されたのだ。

健治さんが教会に来てからというもの、すでに何人かの子どもを預かってきた。しかし今回は、年の近い同性だったせいか、健治さんは「絶対に嫌《いや》だ!」と受け入れを拒んだ。

頑《がん》として聞き入れない健治さんに、菅野さんは里親をしている理由を分かりやすく話した。また、世の中には、さまざまな事情で親と一緒に暮らせない子どもがたくさんいること、そのような子に手を差し伸べられる優しい人に育ってほしいという思いも伝えた。そして「いまがいい機会かもしれない」と〝秘めた事実〟を打ち明けた。

病を抱えながら出産を決意し、命がけで産んでくれた母親のこと。実は「おじさん」と言っていた人がお父さんで、その父親が数年前に亡くなったこと。そして、これからも変わらず、教会家族の一員として暮らしていくことも――。

「健治はうすうす気づいていたと思う。私たちの話を聞いて、何も言わずに黙ってうなずいていたから。あのときの姿を思い出すと、いまも胸が締めつけられる」と、恵子さんは目を赤くする。

見つかった〝心の居場所〟

健治さんは、新たに教会家族となった一つ年下の里子に対し、最初は戸惑いを見せたが、周囲の心配は杞憂《きゆう》に済んだ。それどころか、ほかの子どもたちに対する言動も少しずつ変わっていった。

みんなで食事の準備や後片づけをするときなど、進んで小さい子の面倒を見るようになり、年の近い子とも仲良く接するようになったのだ。

取材日の夕食後も、健治さんと一つ年下の里子は部屋にこもって何やら楽しげに話し込んでいた。学校での出来事や、女の子からもらったチョコレートの数などの話題で盛り上がっていたようだ。「年が近いから、時には

夕食後、家族みんなでカルタ遊びに興じる。「最近、小さい子どもたちと接する健治の姿が会長に似てきた」と恵子さん

言い合いにもなるけれど、二人で音楽を聴きながら、しゃべっているときが一番楽しい」と健治さんは屈託なく笑う。

◈

菅野さん夫妻が健治さんとの養子縁組を決意したのは、健治さんが中学三年生の夏。両親のいない健治さんの後見人となる手続きのさなか、家庭裁判所の調査官から、養子縁組という選択肢《せんたくし》を示されたのだ。

そのことも事前に話し合っていただけに、夫妻に迷いはなかった。「ただ、健治さえ良ければ」と。そして、当の健治さんが出した答えは「育ててもらった恩返しがしたいから、菅野家の息子になりたい」だった。

菅野さんは言う。

「幼少から健治の成長を見守ってきて、これからも健治との親子関係を持ち続けていきた

コラム② 実子への影響

菅野さん夫妻には３人の実子がいる。現在、長女の道子さんは小学校の教員、長男の佳輝《よしてる》さん（24歳）は児童福祉の仕事に携わっている。

夫妻が里親登録をした当時、末っ子の佳輝さんは３歳と甘えたい盛り。初めて里子が来たときは小学２年生だったが、「自分と里子に対する両親の態度の違いに不満があった」と打ち明ける。

それでも年を重ねるうち、真剣に里子と向き合う両親の姿から「里親を続ける両親の気持ちが分かってきた」という。二人は大学進学を前にして、子どもに関わる仕事への関心が膨らんでいったという。

教会から職場へ通う道子さんは「教会でも職場でも24時間、子どもたちとふれ合う中で、親という存在の大切さをあらためて痛感している」と。

市外で一人暮らしをしながら勤める佳輝さんは「里親と里子の一対一の関係よりも、家族全員で里子に向き合うほうが、より良い関係を築けると思う。いずれは、父のように里親をしてみたい」と話す。

いという思いがあった。そして健治も、それを望んだ。これまでわが子同様に育ててきたから、籍を入れても私たち家族は何ら変わらない。健治自身も、本当に安心できる〝心の居場所〟を見つけたからだろうか、最近、表情や言葉が穏やかになってきた」

健治さんはいま、県内の進学校へ通う高校一年生だが、すでに卒業後の進路や将来についても考え始めているという。

昨年秋ごろには、こんな出来事があった。たまたま『天理時報』の「シリーズルポ『里親の現場から』」を見た健治さんが、菅野さん夫妻にひと言、こうつぶやいた。

「僕も将来、里親になろうかな」

（『天理時報』平成20年3月2日号）

〝おたすけ〟としての里親

〝一本の糸〟が絆つないだ

わかひさ布教所のある街は、ちょうど桜の見ごろだった。

「明日も天気が良さそうだから、信者さんたちと花見に行こうと思って」と、所長の江川隆《えがわたかし》さん（62歳）は笑顔で青空を見上げる。

散歩がてら下見に行こうと、妻の直美《なおみ》さん（57歳）と近所に住む元里子の内藤麻子《ないとうあさこ》さん（仮名・32歳・ようぼく）は、連れ立って近くの公園へ。ほぼ満開の桜並木を二人並んで歩く姿は、まさしく母と娘そのものだった。

◇

江川さん夫妻が単独布教に出てから、二十五年目の春を迎えた。

夫妻は、里親登録こそ三年前だが、昭和五十八年に夫婦で布教に出た直後から、親と一緒に暮らせない子どもや身寄りのないお年寄りを預かり、親身に世話をしてきた（103ページコラム参照）。

当時のアルバムには、一人娘の仁美《ひとみ》さん（24歳）の幼いころのスナップに交じって、よく似た顔立ちの三人の女の子の写真があった。「これまで子どもを預かってきた中で、特に感慨深いのは、この三姉妹ね」と夫妻は顔を見合わせた。

九年に及ぶ〝片道文通〟

当時九歳、六歳、三歳だった三姉妹と出会ったのは二十三年前。「離婚した父親が、引き取った娘たちの育児を放棄している」と、父親の知人から聞いたのがきっかけだった。

早速、三人を布教所で預かった。当時一歳の仁美さんを加えた〝四姉妹〟を分け隔てなく育てて一年余り。ある日、失踪《しっそう》していた父

江川家のアルバムには、これまで預かってきた子どもたちとの思い出が詰まっている

親が突然「娘たちを引き取りたい」と江川さん夫妻の前に姿を現した。

夫妻は迷った揚げ句、「実の親が責任をもって育てたいと言うのなら、子どもたちにも、そのほうがいいだろう」と三人を託した。

ところが後日、夫妻の耳に信じられない話が伝わってきた。改心したはずの父親は、わずか数日で再び育児放棄。三姉妹は地域の児童養護施設へ移されたとの知らせだった。

驚いた夫妻は急ぎ児童相談所へ。いきさつを話して「ぜひ引き取りたい」と申し出たが、当時の制度上、「血縁でない者には、子どもを預けることはもとより、面会もできない」と断られた。

帰り際、施設の窓から中の様子をうかがうと、食堂の隅でぽつんと寂しそうに食事を取る三人の姿が見えた。

夫妻は胸をかきむしられるような思いがした。「あのとき、なぜ簡単に帰してしまったのだろう。もう二度と、あの子たちに会えないかもしれない……」

三姉妹の寂しそうな姿が目に焼きついた直美さんは、これ以降、長女あてに手紙を送り続ける。

「寒いけど、三人とも元気？」

「あなたたちの帰る場所は、ちゃんと用意しておくから。それまで、神様がちゃんと見守ってくださるから」

本人たちの手元に届いているかどうかも分からず、一通の返信もないまま、直美さんの切なる思いを込めた〝片道文通〟は、この先九年に及ぶ。

最後の手紙は平成六年の春。長女が高校を卒業し、施設を出るころだった。直美さんは「施設を出たら、すぐに連絡を」とのメッセージに電話番号を書き添え、施設から布教所までのバス代も同封。祈るような思いでポストへ投函《とうかん》したが、一週間経《た》ち、一カ月が過ぎても、長女からの返事はなかった。

〝心の拠り所〟身につくまで

取材初日、布教所の夕づとめ後に、いま預かっている子どもの一人、赤田理香《あかだりか》さん（仮名・17歳）が外出先から帰ってきた。傍《かたわ》らには、理香さんの実の母親と児童相談所の職員の姿もあった。

家庭の事情から、親元で暮らせなくなった理香さんが布教所へ来たのは一年半前。当初は「本当に神様がいるのなら、どうして私たちみたいな子が世の中にたくさんいるの？」と、やり場のない悲しみをぶつけてきた。その後も問題行動を起こしたが、近ごろは徐々に安定してきているという。

この日、関東地方に住む理香さんの母親は、離婚した夫からの親権譲渡の手続きのために遠路訪れたのだった。久しぶりの母との再会に理香さんの表情も明るく見えた。

翌朝、元里子の麻子さんをはじめ近所の信者たちが布教所に集まって、花見の弁当作りが始まった。ひと段落ついたころ、思いきって夕べのことを江川さん夫妻に尋ねてみた。

「近い将来、昨日のお母さんが『娘を引き取りたい』と言ってきたら？」

少し間を置いて、夫妻は答えた。「最終的な判断は児童相談所に委《ゆだ》ねるしかない。ただ、ここにいる間は、子どもたちに信仰という〝心の拠《よ》り所《どころ》〟を教えてやりたい。それさえ身につけてくれれば、大人になって同じような悲しみを子どもに味わわせることはないと信じる。そこまでおたすけをさせてもらうのが、私たちの務め」と。

さらに言葉を継いで、「そのことを教えてくれたのは、実はあの子」と、夫妻は麻子さんのほうへ視線を向けた。

いまも直美さんは、預かってきた元里子たちに手紙を書く。「寂しくなったり、困ったことがあったら、いつでも寄ってね」と

長い冬を越えた桜が華やかに咲き誇る。子どもたちが花を咲かせる日まで、夫妻はその成長を見守り続ける

——平成六年夏。直美さんが最後の手紙を書き送って半年になろうとするある日、布教所に一本の電話がかかってきた。

「……おばちゃん、分かる?」

九年前と比べると、大人びてはいたが、聞き覚えのある声だった。あの三姉妹の長女・麻子さんだった。

話によると、高校を卒業して施設を出た後、一度は就職したものの、うまくいかずに退職。その後、年齢制限は過ぎていたが、特別に許可を得て元の施設に戻ったという。

江川さん夫妻は早速、児童相談所を通じて麻子さんら三人姉妹を引き取り、麻子さんが結婚して独立するまでの約十年間、一つ屋根の下で暮らしたのである。

参拝の記憶と里親の手紙

そよ風に桜の花びらが舞い散る。公園で楽しい花見が始まった。和やかな雰囲気につられて、里子の川上《かわかみ》雄一《ゆういち》君（仮名・４歳）が元気いっぱいに辺りを走り回る。その姿を、笑顔の麻子さんがカメラに収めていた。

現在、麻子さんはようぼくとして、また子どもたちの良きお姉さんとして、布教所になくてはならない存在だ。結婚当初は未信仰だった夫も、いまはようぼく

コラム　単独布教のきっかけ

当時、所属教会に住み込んでいた江川さん夫妻は、子宝に恵まれず悩んでいた。夫婦で談じ合いを重ねた末、「子どもを授けていただく前に、人さまのおたすけをさせてもらおう」と単独布教を心定めした。昭和58年１月のことである。

その矢先、直美さんの妊娠が判明。鮮やかなご守護を目の当たりにした夫妻は定めた心通り、布教に励む傍ら、おたすけ先で出会った身寄りのない子どもやお年寄りを布教所で預かった。その数、20年余りで30人を超える。

昭和58年秋に生まれた一人娘の仁美さんは、現在24歳。血のつながりのない里子たちにも同じように愛情を注ぐ両親の姿を見て育った彼女は、大学で児童教育学を専攻。卒業後、保育士として地元の保育所に勤めている。

となり、夫婦そろって布教所へ足を運んでいる。

そんな麻子さんに、初めて布教所に連れられてきた九歳当時のことを尋ねた。すると「もう二十年以上も前のことなので、あまり記憶にない」と苦笑い。「でも、天理教のおじちゃんとおばちゃんが一緒にいて、私は妹の手を引いて、バスを乗り継いで教会らしきところへ行ったことは覚えている」と、幼いころの記憶を語った。

そのかすかな記憶と直美さんの出し続けた手紙が、いまにも切れそうな絆《きずな》をつなぐ〝たすけの糸〟となった。十四年前の夏、自分の居場所を見失いそうになった麻子さんは、一本の糸をたぐるようにして布教所へ電話をかけたのである。

◈

取材が終わるころ、麻子さんが思い出したように言った。

「実は私、この春から『天理時報』の第二期読者モニターに採用されたんです。よろしくお願いしますね」

「えっ」。不意を突かれて、とっさに言葉が出なかった。毎週届く時報を、特に里親のシリーズルポを、食い入るように読んでいるという。

「こちらこそ、よろしくお願いします」と頭を下げながら思った。一人の信仰者として世の中に目を向け、真摯《しんし》に考えていきたいとの思い。これも、里親から受け継いだ、確かな信仰の証しにほかならないと。

（『天理時報』平成20年3月2日号）

誰かのために
生きること

父に捧げる「ありがとう」の歌

「お父さんへ」と題した一枚のＤＶＤ。家族が見守るテレビ画面に、ギターを持つ上野舞《うえのまい》さん（仮名・17歳）の姿が映し出された。

「お父さんへ。日ごろからいろいろお世話をかけておりますが、日々の感謝の気持ちを歌にしたので、聞いてください。これからもお父さんには、お父さんで居続けてほしいと思っています。ここに来られて本当に良かったと思っているので、これからもよろしくお願いします」

メッセージに続いて流れた曲は、舞さんが高山政道《たかやままさみち》さん（春吉《はるよし》分教会長・55歳）へ感謝の気持ちを込めて作ったオリジナルソングだった。

〽探してた　道の途中

強がりなボクは
さびしいのも隠し――

うれしいような誇らしいような、なんともいえない表情で見入っていた高山さん。映像が終わるや否や、「舞！　ありがとう、舞！」と目を潤《うる》ませながら、傍《かたわ》らにいる娘に手を差し出した。舞さんは「イエーイ」と照れ笑いをしながらも、その手をしっかりと握り締めた。

その様子をニコニコと見守っていた夫人の佐智子《さちこ》さん（55歳）は、「ほんとに音楽できるんやねえ」と感心したように言う。「えっ、お母さん、いまさら!?」と、家族みんなが大笑いした。

親と離れて生きる子どもたち

五月五日の「こどもの日」に放送された『未来の主役――地球の子どもたち』2008スペシャル「家族って何ですか?」（TVQ九州放送制作）。フィリピン、エルサルバドル、そして日本。さまざまな事情で親と離れて生きる子どもたちの姿を描いた番組の中で、春吉分教会が紹介された。

番組内でクローズアップされたのは、中学三年生のとき教会へやって来た舞さん。現在、高校三年生だ。

幼いころ両親が離婚。姉たちは母親に、舞さんは父親に引き取られた。そんな舞さんを待っていたのは、父親による暴力だった。「叩《たた》かれたり殴られたりの日常だったから、『どこの家もこんなものかなー』と思っていた」と、あっけらかんと言う。

「なぜ父に預けられたのか」「母はどんな思いで私を父に託したのか」。その答えを母親に聞くことはできない。物心ついたころ、母親はすでに亡くなっていたからだ。

中学二年生のとき、半ば放り出されるように伯父《おじ》のもとへ身を寄せたものの、さまざまな事情が重なり、その家で暮らすことができなくなった。やがて、児童相談所を通じて高

高山さんも愛用のギターを取り出すと、家族の笑顔がさらに広がった

山さん夫妻に引き取られた。二年前の冬だった。

高山さんは、当時の舞さんの様子をこう話す。

「本人は『こんなに居心地がいい家はないわ』と言っていたけれど、それまで周りにひどく気を使って生きてきたことが、顔つきからも読み取れた。一カ月くらいで表情が柔らかくなったかなあ」と。

片や、その舞さんも「最初の一週間はとても長く感じた。でも一、二カ月で慣れた」と、にこやかに振り返る。

〝わが子〟と思って育てる

高山さん夫妻が友人の勧めで里親登録をしたのは平成十二年ごろ。それまでは、夏と冬の長期の休みに子どもを預かる「季節里親」を務めていた。

現在、教会で暮らしているのは、会長夫妻と前会長の博子《ひろこ》さん（85歳）と実子三人、そして四人の住み込み人と三人の里子たちの計十三人だ。

父への思いを込めて歌う舞さん。いまの幸せな気持ちを曲と詞に託して（ＴＶＱ九州放送の映像から）

初めて里子を預かったのは五年前。当時から一貫している思いは「実子も里子も、親神様が教会に連れてきてくださった子どもたち。〃わが子〃と思って育てる」というものだった。

もちろん〃教会の子〃だから、「こどもおぢばがえり」や「学生生徒修養会・高校の部」、大教会の鼓笛隊や教会の行事には、実子と里子の区別なく参加させてきた。そして、子どもたちは十七歳になると別席を運ぶ。

日常生活でも参拝場の掃除や食事の準備、風呂の用意など、子どもたち一人ひとりに役割がある。すべてに分け隔てなく接する中で、子どもたちに伝えたいことは、信仰に基づく暮らし方とその喜びだという。

「私たちは決して出来のいい親じゃないけれど、『神様の御用が最優先』という信仰信念は伝えられるはずだし、伝えないといけない」と夫妻は口をそろえる。

里子の一人、玉田友輝《たまだともき》くん（仮名・11歳）は大教会の鼓笛隊に所属している。舞さんと夫妻の三女・のぞみさん（17歳）も、鼓笛隊のスタッフとして活躍中。また、今春就職した元里子の樋口清貴《ひぐちきよたか》さん（仮名・18歳）は、五月五日に晴れてようぼくとなった。初めてのおさづけ取り次ぎは、テレビ番組の収録中に「難病を抱えている」と聞いた制作会社のディレクターに、と心に決めている。

今年に入って、鼓笛隊の練習とアルバイト、さらに昨年から始めたバンド活動の三つを続けることが困難になった舞さんは、高山さん夫妻に内証でアルバイトを辞めた。「ちゃんと親に相談して許可をもらうのが筋だろう？　相談と報告は違うんだ」と高山さんは叱《しか》った。舞さんは、しょんぼりしながらも「私のためを思って言ってくれたのだから……」と、その言葉を噛《か》みしめた。

そんなとき、佐智子さんは「黙って見守る」という。「神様は決して悪いようにはなさらない。細かいことは気にせず、みんな元気に毎日ご飯をおいしく食べられたら、それでいい」と朗《ほが》らかに笑う。

厳しいお父さんと、おおらかなお母さん。夫妻は温めたり冷ましたりしながら、掌《たなごころ》の上で大切に〝わが子〟を育《はぐく》む。

ある日の夕方。叱られた里子の一人が家を飛び出した。すぐさま、息せき切って後を追いかけたのは高山さんだった。まだ春浅いころで、夜は冷え込む。「とにかく早く保護しなければ」と冷静に判断し、夫の後を車で追ったのは佐智子さんだった。その夜、子どもは無事に教会へ戻った。

高山さんは語る。

「家族ってどんなものか、また、家庭はどんなに温かいものかを、不幸にして味わえなかった子どもたちは、自分が親になったとき、うまく家庭を築けなかったり、親として振る舞えなかったりすることが多いという。私たちの懐の中にいるうちに、子どもたちに家庭の味と親の心を伝えたい。お道の教会だからこそ、それができると信じている」

本当の家族のイメージ知る

現行の里親制度では、里子の養育は原則的に満十八歳（あるいは高校卒業）までと決められている。

高校三年生になった舞さんも、漠然とではあるが、家を出て就職する、つまり里子を〝卒業〟するつもりでいた。自分から動かなければ人生は変わらないことを、これまでの経験で学んだからだ。

近所の桜が見事に咲き誇ったころ、高山さんは舞さんを呼んで、こう言った。

「お父さんとすれば、ずーっとここにおっても構わんよ。舞さえ良ければ、いつまでも舞のお父さんお母さんであり、うちの家族だから、な？」

「娘として家に残ってもいいかな……」。舞さんは素直

大家族ならではの玄関。13人分のにぎやかな声が聞こえてくるようだ

にそう思い、本当の家族になれた気がした。

「最初から家族だったわけではないけれど、本当の家族って、こんな感じなのかな。血のつながりはなくても、いま毎日がすごく楽しくて、とても幸せ。もしかしたら、生きているって、こんなことを言うのかな」

舞さんはある日、髙山さんにプレゼントを贈ることにした。それは、大好きなギターで感謝の気持ちを込めたオリジナルソングを作ること。作詞・作曲に四日を費やした。

収録は近くの貸しスタジオで。予約は二時間。詞にこだわりを持っていた舞さんは、スタジオでも推敲《すいこう》を重ねた。そして、残り十五分に迫ったとき、ようやく完成した。

〽ありがとう
この心に響いた声
ボクはもうひとりじゃないと
誰《だれ》かのために
生きていくことを
教えてくれた人へ

「タイトルは?」と尋ねると、「ないんです。でも、あえてつけるとしたら、やっぱり『ありがとう』かな」と。

(『天理時報』平成20年5月25日号)

里子預かる
ようぼく家庭

亡き夫に誓う〝生涯里親〟

それは昭和五十三年の出来事だった。夫婦で繁華街へ食事に出かけたとき、道端で「ママ、ママ……」と泣き叫ぶ幼い女の子の姿を見かけた。傍《かたわ》らには、派手な服装の母親らしき女性が酔いつぶれていた。

「かわいそうに……」。夫はそうつぶやいて、母子のもとへ駆け寄ると、「あんた、子どもが泣いとるやないか」と強い口調で母親を揺り起こした。

自宅へ帰る電車の中で、夫は何かを思いつめたように無口なままだった。

◇

六月、取材で訪れたようぼく宅は、市営団地にあった。里親を始めて二十四年、六階の３ＬＤＫのマンションで預かった子どもは五十一人を数える。

「あの日の出来事がよほど心に引っかかっていたんだろうねえ。主人は本当に人がいいから」と安池富佐子《やすいけふさこ》さん（74歳・本《ほん》愛勢《あいせい》分教会ようぼく）は懐かしげに目を細める。

その視線の先には、亡き夫・重敬《しげたか》さんの遺影があった。

入信間もなく里親登録

未信仰だった安池さん夫妻は昭和五十年ごろ、筑紫正子《つくしまさこ》・本愛勢分教会長（当時）からにをいを掛けられて入信した。

あの母子と接した重敬さんは、五十九年に里親制度の存在を知るや、富佐子さんと相談して「不幸な子どもたちをたすけたい」と登録した。

一人娘がすでに嫁いでいたこともあり、以来、安池さん夫妻は次々と子どもを預

同じ団地の住民も、富佐子さんの里親活動に理解を示す。
時には里子と遊んでくれることも

かった。多いときは、一度に四人を養育したこともあったという。

平成十年に重敬さんが出直した。肺がんが声帯へ転移し、十分に言葉を話せないなか、「俺《おれ》はもう、たすからんかもしれん。そのときは子どもを頼む」と、絞り出すような声で後事を妻に託した。

夫の遺志を受け継いだ富佐子さんは、引き続き里親を申請。長年の実績から、その後も子どもを委託されている（コラム参照）。

七十の坂を越えたいまも子育てに奮闘する富佐子さんは、「うちの敷居をまたいだら、皆わが子。愛情いっぱいに育てるだけ」と言いきる。

現在は、小学一年生の杉野勇吾《すぎのゆうご》君（仮名）と二人暮らし。「そろそろ、あの子が

コラム　ひとり親での里親

里親制度は昭和62年の改正で認定条件が緩和され、ひとり親でも里親を務められるようになった。

とはいえ、都道府県によっては児童の養育に支障を来さないよう、一定の条件を付与することもある。

主な条件としては、①児童の養育経験があること　②保育士や保健師、看護師などの資格を持っていること　③20歳以上の子または父母などが同居していること――など。

富佐子さんの場合、里親として長年の実績から、児童相談所が里親の継続を承認した。

夫の重敬さんが出直した１年後、富佐子さんは里親としての貢献により、厚生大臣（当時）表彰を受けている。

帰ってくるころだわねえ」と、富佐子さんは置き時計に目をやった。

丸二年続いた語りかけ

午後四時すぎ、「ただいま！」と勇吾君が元気よく帰ってきた。

早速、おもちゃ箱からブロックを取り出して遊ぼうとするが、富佐子さんは「今日は金曜日やろ。さっさと塾に行く用意をしなさい」と〝教育ママ〟ぶりを発揮する。

実は、塾通いには理由があった。「勇吾は四歳まで全く言葉を話せなかった。家では私と二人きりだし、少しでも言葉を覚える機会を増やしてやろう」と思い、塾に通わせているという。

勇吾君が安池家にやって来たのは二歳半のころ。母親が精神疾患で入院し、児童相談所に保護されたのだ。

児童相談所から委託される際、職員は「何もしゃべらないが、言葉には反応する。ひょっとすると、発達障害があるかもしれない」と告げた。

それからというもの、富佐子さんは根気よく勇吾君に語りかけた。

「晩ご飯は何がいい？　お魚？　それとも、お肉？」「今日は何をして遊んだの？

公園に行ってきたの？」

問いかけても、勇吾君は首を横に振ったり、うなずいたりするだけ。

「言葉を話せないのか、しゃべりたくないのか。いずれにしても、この子が不憫《ふびん》で……」

返ってくる言葉のない富佐子さんの語りかけは、丸二年も続いた。

だが、〝わが子〟に投げかけた幾千幾万の言葉は、決して無駄ではなかった。勇吾君が四歳になったある日、一緒にお風呂に入っていると、「ダイちゃんが悪いことする」と、ぽつりと言った。

その言葉に飛び上がるほど驚いた富佐子さんは、喜びのあまり、勇吾君をぎゅっと強く抱きしめた。「痛いわ」などと次々に出てくる〝産声〟に、ただただ涙が止まらなかった。

「おそらく幼稚園の同級生にいじめられたのだろうが、このときばかりは、ダイちゃんに心から感謝した」と富佐子さんは笑う。

以来、勇吾君はどんどん話すようになり、いまでは友達と問題なくコミュニケーションを取れるまでになった。

「さまざまな事情を抱えた子を預かるのは大変だけど、子どもが少しずつ成長する喜びは、何ものにも替えがたい」と富佐子さんは話す。

里子と時報の手配りへ

午後七時すぎ、学習塾を終えた勇吾君が帰宅。食事を済ませると、富佐子さんは勇吾君の手を引いて外へ出た。富佐子さんは、昨年十二月から『天理時報』の手配りを続けているのだ。

毎週末、通い慣れた手配り先のマンションへ向かう。その道中、富佐子さんはこんな話をしてくれた。

「主人は生前『子どもたちが神様に手を合わせるような人に育ってくれたらなあ』とよく言っていた。言葉数の少ない人だったけど、居場所を失ってしまった子どもたちに、信仰という心の拠《よ》り所《どころ》を教えたかったのだろう」

その思いを、いまも引き継いでいる。富佐子さんは「こどもおぢばがえり」はもとより、支部の行事などにも積極的に里子を連れていく。

また、子どもの親に会って、教えを説くこともしばし

週末、富佐子さんは勇吾君と一緒に『天理時報』を手配りしている

ば。そんな中から、ようぼくとなる子どもや実親も出てきている。

　この日、安池家を訪ねてきた咲《さき》さん（24歳）もその一人。咲さんは、生後五カ月で夫妻が預かった初めての里子だ。

　重敬さんの出直しから三年が経《た》ったころ、富佐子さんは、十七歳になった咲さんの希望で養子縁組をした。

　咲さんは天理看護学院へ進んだ後、「憩《いこい》の家」で看護師として勤め、現在は富佐子さんの暮らす地域の病院で働いている。仕事が休みの日には、子育てに忙しい富佐子さんを手伝うという。

「この家に引き取られたどの子も〝お母さん〟が大好き。なんだかん

週に１度は勇吾君と野球に興じる富佐子さん。その元気な姿は70代には見えない

だ言いながら、結局ここに帰ってくるのよね」と、咲さんは勇吾君に笑いかけた。

ようぼく家庭でもなれる

翌日、富佐子さんは勇吾君を連れて近くの運動公園へ。週に一度は、この公園で勇吾君と野球に興じるという。

前夜の天気予報は雨。てるてる坊主を作って、この日を楽しみにしていた勇吾君。その願いが通じたのか、翌日は梅雨の曇り空だった。富佐子さんが投げる緩いボールをバットで打ち返しては、屈託のない笑顔を見せた。

元気いっぱいの子どもと三十分余りにわたって遊ぶ富佐子さんの姿は、とても七十代には見えない。

富佐子さんは言う。

「教会のように、一度に大勢の子どもを預かることはできない。でも、ようぼく家庭でも里親になれる。この体を健康においていただく間は、難渋する子どもたちのおたすけに力を尽くしたい。いまは亡き主人に、そう誓ったから」

（『天理時報』平成20年6月29日号）

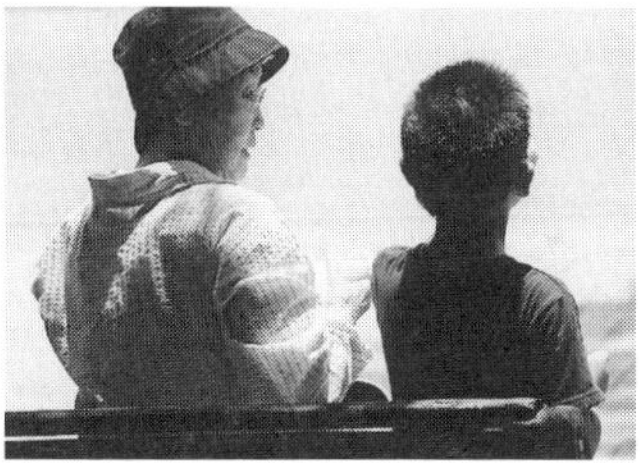

初めての「こどもおぢばがえり」

少女が笑顔を取り戻した日

天理駅から電車を乗り継いで数時間、ある洋風建築の駅に降り立った。

数日前、讃南《さんなん》分教会長の黒川陽一《くろかわよういち》さん（58歳）に電話したとき、「電車で教会に来られるのなら、駅でちょっと見てもらいたいものがあるので……」と聞いていた。

しばらくすると、駅舎の入り口に黒川さんが現れた。黒川さんは駅員に断りを入れて、「こっちです」と1番線のホームへ向かう。そこでは、天井からつり下げられた数多くの風鈴が、風に揺られて涼やかな音色を響かせていた（127ページコラム参照）。

「実はこの時期、里子たちにも協力してもらって、教会独自に風鈴棚を設置しているんです。短冊に願いごとが書いてあるでしょ」

そう言うと、風鈴の一つを指差した。その短冊には、つたない字で「幸せな家族になれますように」と書かれていた。

「里子たちにとっての家庭は、決して心休まる場所ではなかったのです。そんな子たちが〝教会家族〟の幸せを願ってくれる。それがうれしくて」と、黒川さんはしみじみ話す。

半月前に来た一人の少女

教会の参拝場の片隅に、リュックサックが三つ仲良く並んでいた。翌日は教会の「こどもおぢばがえり」団参だった。

「去年まで里子は二人だったが、半月前にもう一人預かることになって。みんな準備万端のようだな」と黒川さんは笑みを浮かべる。

平成十八年七月、「教会として〝社会だ

教会に集合した地域の子どもたちと、そろって参拝。バスで天理へ向かう

すけ〞になることをしたい」と、黒川さん夫妻は里親登録をした。白梅寮《しらうめりょう》出身の夫人・喜代《きよ》さん（51歳）は、保育士の資格を生かしたいと考えていた。また、喜代さんの妹が嫁いだ教会が里親に取り組んでいることも、黒川さん夫妻の思いを後押しした。

一カ月後、小学二年生の姉と六歳の弟を預かった。しかし、慢性腎《じん》不全のため人工透析《とうせき》を長年受けている黒川さんにとって、教務と子育ての両立は容易ではなかった。そこで昨年十月、「病院で受けるよりも時間はかかるが、自宅でなら夜中に一人でもできる」と在宅透析に切り替えた。

そして今年七月、新たに里子を迎え入れた。小学五年生の涼子《りょうこ》ちゃん（仮名）

里子におさづけを取り次ぐ黒川さん

だ。

夕づとめ後、子どもたちは突然来訪した記者を「どこから来たの?」「何歳?」と質問攻めにする。ただ、涼子ちゃんだけは少し様子が違った。「子どもはいるの?」と、恐る恐る尋ねる眼差《まなざ》しが気になった。

父から、そして母からも

涼子ちゃんが二歳のころ、両親が離婚した。父親に引き取られ、同居の祖父母が生活の面倒を見ていたが、父親からは日常的に虐待されていた。

小学三年生のとき、父親の暴力はエスカレート。孫を心配した祖父母は、再婚した母親のもとへ涼子ちゃんを預けた。

しかし、涼子ちゃんを待っていたのは、またしても虐待の日々だった。暴力を振るったのは母親だった。

ほかに寄る辺のない涼子ちゃんは、じっと母親の虐待に耐えた。こうして一年半が経《た》ったころ、体のあざを不審に思った学校関係者が児童相談所へ通告。強制的に涼子ちゃんを保護した。

「おまえなんか、施設へ行ってしまえ!」と母親に怒鳴《どな》られ続けた涼子ちゃんは、

「施設だけは嫌《いや》」と泣いて頼んだという。

こうして黒川家に預けられた涼子ちゃんは、すぐに教会生活になじんだかに見えた。会長夫妻のことを「お父さん」「お母さん」と呼び、おつとめの手振りを覚え、「太鼓を教えて」と言ってきた。ほかに行き場がないことを無意識に感じていたのか、いじらしいほど教会生活に溶け込もうとした。

しかし、少女の心には大きな傷が残っていた。ある日、涼子ちゃんが「虐待って、どういうこと？」と黒川さんに尋ねてきた。

「暴力を振るわれたり、悪口を言われたり、ご飯を作ってくれなかったりすることだよ」と教えると、涼子ちゃんは「私は三つとも当てはまっていた」と言った。

「実の父親と母親に虐待されてきた涼子は、家族というものに不信感しかないのかもしれない。涼子に本当の家庭の温《ぬく》もりを味わわせてやらなければ……」

黒川さんは固く心に誓った。

〝大きな親心〟に包まれて

翌朝、教会に子どもたちが次々と集まってきた。ほとんどの子は「こどもおぢばがえり」のリピーター。どの子も、見送りの母親と楽しそうに会話している。

二人の里子は玄関先に出て、笑顔で迎えた。しかし涼子ちゃんだけは、少し離れたところから親子連れをじっと見つめていた。

参拝後、一行二十三人はバスに乗り込み、一路親里へ。涼子ちゃんは、隣に座った同級生とおしゃべりに興じていた。

その様子を眺めていた黒川さんは「涼子は同世代の友達には気さくに話しかけるが、私たち大人には決して甘えようとしない。今回の『こどもおぢばがえり』で、子どもらしさを取り戻してくれたらいいのだが……」とつぶやいた。

実は二日前、こんな出来事があった。一番下の里子の友達五、六

コラム 教会の夏の二つのイベント

讃南分教会では、毎年6月から8月の暑い時期、最寄りの駅に南部《なんぶ》風鈴をつるした棚を設けている（130ページ写真）。

これは、駅の乗降客に涼を感じてもらおうと、黒川会長が12年前に企画したもの。2年前には鉄道会社から表彰された。

青竹とよしずを組んだ幅約3メートル、長さ約10メートルの風鈴棚には、144個の南部風鈴がつるされている。いまでは地域の小・中学校の子どもたちも設置に協力する。

また教会では、もう一つの夏のイベントとして、8月に境内地で夏祭りを開く。この祭りには毎年、80人前後の地域住民が参加するという。

こうした夏の二つのイベントを通して、教会家族と地域住民が自然な形で交流するとともに、里親活動への理解を促すことにもつながっている。毎年の「こどもおぢばがえり」にも、教会周辺の子どもたちが大勢参加している。

人が教会へ遊びに来ていた。その中の一人のゲームソフトが無くなった。隠したのは涼子ちゃんだった。

みんなが教会中を捜しているとき、こっそり元の場所にゲームソフトを戻している涼子ちゃんの姿を、黒川さんが目撃したのだ。

喜代さんがやんわり問いただしたが、涼子ちゃんはシラを切り通した。「会長さんが見ていたよ」と言うと、涼子ちゃんは黙って涙を流した。

「涼子は、やり場のない感情を抱えて苦しんでいる。そんな姿がかわいそうだと、親代わりの私たちが思うだけではたすけられない。涼子の傷ついた心が癒《い》やされるような〝大きな親心〟に包まれることが必要だと思う」と喜代さんは話した。

夫妻は、今回の「こどもおぢばがえり」に一縷《いちる》の望みを託していた。

「家族」と初めて口にした日

午後一時すぎ、一行を乗せたバスは北大路乗降場に到着。教会の団体旗を先頭に本部神殿へ向かう。涼子ちゃんは、初めて見る神殿に「わあ、大きい」と驚きの声を上げた。

「おたのしみ行事」会場などへの移動中、涼子ちゃんは同級生たちと行動を共にしていたが、時折、団体から離れて一人でいることがあった。

そのたびに黒川さんは、さりげなく涼子ちゃんの肩を抱き、「どうしたの？」と声をかけた。

そんな涼子ちゃんの表情に変化が表れたのは、夜の「おやさとパレード」を見学しているときだった。きらびやかなフロートや颯爽《さっそう》と行進する鼓笛隊が目の前を通るたびに、歓声を上げ、拍手を送った。いつしか涼子ちゃんは、無邪気な少女の笑顔を取り戻していた。

翌朝。「ねえ、お父さん」と何度も声をかけては、黒川さんの手を握って歩く涼子ちゃんの姿があった。

◈

数日後、黒川さんに電話をかけて、「こどもおぢばがえり」後の涼子ちゃんの様子を尋

夜の「おやさとパレード」では、みんなが笑顔になった

ねた。

家に帰ってからというもの、涼子ちゃんは「こどもおぢばがえり」のテーマソングばかり口ずさんでいるという。

「最近、涼子が『家族でどこかへ遊びに行きたい』と言い出した。あの子が〝家族〟という言葉を口にするのを初めて聞いた。『こどもおぢばがえり』をきっかけに、私たちは本当の家族になれたのかもしれない」と黒川さんは声を弾ませた。

そう聞いて、駅につるされた風鈴のことが頭に浮かんだ。涼子ちゃんは来年、あの短冊にどんな願いごとを書くのだろうか。

（『天理時報』平成20年8月24日号）

里子たちの恩返し

教会が〝僕の家〟になった

「今日は絶好の行楽日和《びより》だなあ」

教会の玄関を出た飯島博《いいじまひろし》さん（愛照《あいてる》分教会長・69歳）が明るい声を上げる。抜けるような青空のもと、庭先でコスモスの花が揺れていた。

「さあ、乗ってください」。夫人のひろ子さん（60歳）に促され、ワゴン車に乗り込む。助手席の中村知幸《なかむらともゆき》さん（仮名・21歳）が後ろを振り返り、「これから行く町は、去年、アニメの舞台として有名になったんですよ」と、添乗員よろしく説明してくれた。

妹の美雪《みゆき》さん（仮名・18歳）とまゆみさん（仮名・14歳）は携帯ゲーム機に夢中。その後ろから「今日はまゆみが静かじゃん」「取材の人が来てるから、緊張してるんだよな」と茶化《ちゃか》すのは、中川陽一《なかがわよういち》さん（仮名・24歳）と山口弘樹《やまぐちひろき》さん（仮名・17

歳）だ。

この日は「お世話になっている会長さんと奥さんにお礼がしたい」と、元里子と里子たちが計画した小旅行。会長家族ら総勢十一人での外出に、車内の雰囲気も自然と浮き立つ。

「実は、ちょうど九年前の今日、僕たち三人兄妹《きょうだい》は初めて教会に来たんです」

車が宿場町の風情を残す日光街道の町並みを抜けたころ、知幸さんは車窓から遠くを見つめるようにして、そうつぶやいた。

夏の日の出来事きっかけに

飯島さんが里親登録をしたのは九年前のこと。「還暦を機に、さらに何か地域の役に立つことを」との思いからだった。

ほどなくやって来たのが知幸さんたち三兄妹。父親は近くの町で大工をしていたが、母親が数年来病気がちで入退院を繰り返していた。父親だけで子どもたちの面倒を見ることが困難になり、母親の妹が児童相談所へ相談。「三人一緒に預かってくれるところ」という条件に応《こた》えられる委託先として、飯島家に白羽の矢が立った。

「知らない町の、知らない人がたくさん出入りする教会での生活は、正直言って嫌《いや》

コスモス畑を散策中、里子の一人が冗談を言うと、皆がどっと笑った。
小旅行を計画した知幸さんは「みんなでこうして歩きたかった」と

だった」と知幸さんは当時を振り返る。

当初「委託期間は三カ月から半年」との申し合わせだったが、母親の病状が安定せず、三人はそのまま教会で生活することになった。

兄妹は住み慣れた町が恋しくて仕方がなかった。休みの日になると、知幸さんは幼いまゆみさんを自転車の後ろに乗せ、美雪さんを伴って、たびたび実家のある町まで遠出した。片道およそ三時間かかる道のりも、慣れ親しんだ町並みを目にするためなら苦にはならなかった。

　当時、教会では共働きの信者の子弟を日中だけ預かっていた。ある日、その子が知幸さん兄妹から故郷の話を聞き、「自分も行ってみたい」と言いだした。四人は二台の自転車に二人乗りをして、こっそりと出かけた。

　季節は夏。故郷の町からの帰り道、四人は夕立に見舞われた。

　教会では、日が暮れかかっても帰ってこない子どもたちのことを心配していた。折しも強い雨が降りだし、大騒ぎに。やがて、ずぶ濡《ぬ》れになった四人が帰ってきた。

「どこへ行ってたの！」

　一喝したのは、ひろ子さんだった。次の瞬間、涙を流しながら「よく帰ってきたねえ」と子どもたちを抱きしめた。

参拝者と一緒におつとめを勤めるのは、子どもたちの日課だ

「そんなことがあってから、教会は〝僕の家〟だと思うようになったんです」と、知幸さんは述懐する。

「たすけられなくて何が教会か！」

平成十三年、四人目の里子としてやって来たのが、当時十六歳の中川陽一さんだった。

その前年、十七歳の少年による凶悪事件が相次ぎ、社会問題となった。そんなさなかとあって、会長家族は新たな子どもの受け入れをためらった。「もう三人里子がいる。これ以上受け入れるのは大変だし、年ごろの娘がいるのに、男の子を受け入れるのは不安」と、家族は会長の提案に異を唱えた。

家族会議が連日続いた。

飯島さんは「困っている子どもがいるのに、たすけられなくて何が教会か！」と声を荒らげた。その熱意に押され、家族も承諾した。

陽一さん自身も、児童相談所の職員から、受け入れ先がなかなか見つからないと聞かされていた。里親制度について説明を受けていたこともあり、教会へ来た当初から「十八歳になったら、ここを出て働きます」と申し入れていた。

高校卒業が近づいたある日、陽一さんは進路について夫妻と話し合った。「住み込みで働ける就職先を探して教会を出たい」と言う陽一さんに、飯島さんは「結婚したらよそで所帯を持つのだから、それまでは教会から職場へ通えばいい」と優しく語りかけた。その言葉を聞いた陽一さんは、深々と頭を下げて肩を震わせた。「誰《だれ》からも必要とされずに育った僕にとって、『ここにいたらいい』という言葉は何よりうれしかった。里子としての養育期間は終わっても、僕は会長さんと奥さんの子どもで、ここは〝僕の家〟なんだと……」

平成十五年には弘樹さんが加わり、現在、五人の里子らが共に暮らす。最年長の陽一さんは、〝長男〟として弟や妹たちの面倒を見る。

陽一さんは「僕自身に悩みごとがあっても、みんなで話していると不思議に心が楽になる。家族ってありがたいなあと、最近しみじみ思う。これからは会長さんや奥さんに親孝行したいし、弟や妹の力になってやりたい。僕らには血のつながりはないけれど、かけがえのない家族なんです」と話す。

会長夫妻にあてた感謝の手紙

教会では、子どもたちに折にふれて教えの心を伝え、教会行事にも参加するよう促している。

陽一さんは青年会の委員長として、いまや教会の若手をリードする存在だ。ほかの四人も、それぞれ鼓笛隊や学生会などの中心メンバーになっている。そして、十七歳になると別席を運ぶ。

中学時代の知幸さんには、こんなエピソードがある。

知幸さんは当時、朝礼の一時間近く前に登校していた。出かける時間があまりに早いので、飯島さんが訳を尋ねると、学校の昇降口を一人で掃除しているという。

「ゴミや泥で汚れていたので、みんなに気持ちよく登校してもらおうと思って……。実家にいたころは、そんなことは考えもしなかった。教会でひのきしんを教えられたからかも」と照れ笑いをする。

卒業までの二年近くにわたり、知幸さんは一人で黙々と掃除を続けた。そして卒業式の当日、壇上で祝辞を述べていた校長が、突然、知幸さんの名前を挙げて善行をたたえた。

夕食後、デザートのケーキをかけてジャンケン。勝った陽一さんは「イチゴケーキはまゆみに残しておくよ」とニコリ

「知幸君は、毎日朝早く学校に来て、昇降口を掃除してくれました。知幸君は『すごい人・えらい人』になって卒業です。里親の飯島さん、どうぞお立ちください」

この日の卒業式には、ひろ子さんが出席していた。立ち上がったひろ子さんに、列席した一同から万雷の拍手が送られた。一礼したひろ子さんは、驚きと喜びで胸がいっぱいになり、しばらく顔を上げられずにいたという。

その数日前、知幸さんは飯島さん夫妻へ手紙を書いた。手紙は、次の言葉で締めくくられていた。

「もうすぐ僕は中学校を卒業します。卒業できるのは飯島さんのおかげです。ここまで育ててくださって本当にありがとうございました。（中略）飯島さんのことを尊敬しています。高校に行っても、僕のことをよろしくお願いします」

「結婚披露宴の最後に、新郎・新婦から両親へお礼の言葉を贈るでしょう。あの光景が浮かんできて、胸が熱くなりましたよ」と飯島さんは目を潤《うる》ませる。

子どもたちの口癖は「喜んでもらいたい」

教会につながるようぼくの中には、会長夫妻の姿を見て、自ら里親登録した人もいる。

萩原進《はぎわらすすむ》さん（45歳）とタキ子さん（43歳）夫妻は平成十四年に登録。今年の春までに、男女合わせて五人の子どもたちを預かった。

また「里子たちのために」と、毎月六十キロの米をお供えしたり、子ども服を提供したりするようぼくもいる。

さらに、飯島さんと長年付き合いのある理髪店の店主は、「私も協力したい」と子どもたちの散髪奉仕を七年以上にわたり無償で続けている。

多くの人の支えを受けて暮らしている。そのことを強く感じているからだろうか、子どもたちは口癖《くちぐせ》のように「恩返しがしたい」「会長さんや奥さんに喜んでもらいたい」と言う。

三年前には、こんな出来事があった。高校を卒業した知幸さんが、就職して初めてもらった給料の中から「夫婦で温泉にでも行ってください」と、まとまった額を飯島さん夫妻に手渡した。今回の小旅行もまた、知幸さんたちの感謝の思いの表れだった。

いろいろな事情を抱えて親と一緒に暮らせない子どもたちを、何とかたすけてやりたいと始めた里親。だが、いまでは「本当に数えきれないくらい多くの喜びを、私たち夫婦が与えてもらっている。感謝しているのは、むしろ私たちのほう。どの子も私たち夫婦の宝」と飯島さんは話す。

コスモスが咲き乱れる川べりを、にぎやかにおしゃべりをしながら歩く飯島さん夫妻と子どもたち。その微笑《ほほえ》ましい姿を見て、ふと教会の庭先で目にしたコスモスを思い出した。

コスモスは、その見た目の繊細さとは異なり、強風に倒れても、地面に接した茎から根を生やし、再び立ち上がるたくましさがある。

教会の里子たちも、幼くして吹き荒れた嵐に負けず、周囲の人たちの支えと励ましを得て、心に強い根を張りつつある。だからこそ、いま穏やかな笑顔になれるのだろうと――。

（『天理時報』平成20年11月23日号）

悲喜こもごもの年越し

里子の心が揺れる季節

元日。鎮亜《ちんあ》分教会のある九州北部地方は、早朝から雪に見舞われた。元旦祭を勤め終えると、三人の里子たちは、会長の土井高徳《どいたかのり》さん（55歳）や、元里子の青年たちからお年玉をもらい、ご満悦。その中には、昨年夏まで児童自立支援施設で暮らしていた小野浩司《おのこうじ》君（仮名・15歳）の姿もあった。

引き取り手のない子どもたち

最初に取材に訪れたのは、この冬一番の冷え込みとなった師走《しわす》上旬。最寄り駅の周辺には、イルミネーションが飾りつけられている。

「寒いですね。何しろ、明日は雪だそうで」。出迎えてくださった土井さんは、続けてこう話した。

「今年は、家族が一人も欠けることのない年越しになってしまいそうだなあ……」

土井さんと夫人のえり子さん（54歳）は平成十四年の里親登録後、日本で唯一のファミリーホーム型の〝治療的里親〟を教会で実践している（149ページコラム参照）。

これまでに預かった里子は三十人を超える。そのほとんどが、両親や親類はもとより、児童養護施設や更生保護施設からも受け入れを拒まれ、引き取り手のいない子どもたちだという。彼らは日常的に虐待を受ける家庭環境で育ったうえに、「発達障害」を抱え、その二次障害として深刻な問題行動や精神症状が見られるケースも少なくない。

「どれほど虐待的な環境で育った子でも、いや、むしろそんな子であればあるほど、年末の帰省シーズンになると、親や家族のことを思い出す。しかし実際には、年末年始を実家で過ごせる子は一人いればいいほう。その一人の帰省を見送った後の、残された子どもたちの悲しそうな表情は例えようもない」と土井さんは言葉を詰まらせる。

ある年の瀬、祖母宅に外泊する子の背中に向かって「僕だって、おじいちゃんの家へ行ったら、お年玉をもらえるんだ！」と叫んだ子がいた。祖父に引き取る気のないことをうすうす感じていながらも、強がってみせる姿に、土井さんは後ろから抱きしめてやることしかできなかったという。

「皮肉なことだけれど、誰《だれ》一人欠けることなく教会で年を越せるということは、子どもたちにとってはいいことなのかもしれないね」と土井さんは苦笑いを浮かべる。そして「今度の正月、一番心配なのは、やっぱり浩司かな」と、ぽつりと言った。

この日、風邪で寝込んでいた浩司君は、昨年八月に教会へ来て間もなく問題行動が目立つようになり、十一月には一時的に元の施設へ預けられた。

浩司君にとって、施設を出て初めて迎える教会での正月だった。

夜になって降りだした雨は、翌朝には雪に変わっていた。

夕づとめ後、子どもたちにお道の教えを分かりやすく話す土井さん

心の傷を癒やす〝治療〟も

　この日は土曜日で学校は休み。翌日、教会で行われる支部主催の行事に備え、子どもたちは午前中に神殿と参拝場の掃除に励んだ。

　ひと晩休んで元気になった浩司君も、「面倒くさいなあ」などと愚痴《ぐち》をこぼしながら、男性信者の指示に従ってひのきしんの輪に加わった。

　心に深い傷を負った子どもたちを預かるには、毎日安心して暮らせる家庭的な養育環境を整えるだけでは十分ではない。それ以外に、心の傷を癒《い》やす〝治療〟と〝育て直し〟が必要なのだ。

　そのために、教会では子どもたちに規則正しい生活習慣を身につけさせる一助として、朝夕のおつとめ参拝を促している。このほか、神殿掃除や就寝前の点呼、里子たちの間でトラブルが起きた際に開かれる「子ども会議」

教会生活を通して、子どもたちは規則正しい生活習慣を身につける

などを通じて、たすけ合いの心と自主性を培《つちか》うよう指導している。

とはいえ、その実際は容易ではない。

「たとえば『風呂を見てきてくれる？』と頼んだ子に、『湯加減はどうだった？』と聞くと、その子は『見てこいと言われたから、風呂場を見てきた』と真顔で言う。こうした場合は『風呂場へ行って、湯の温度がちょうどいいかどうか確かめてきて』と、噛《か》んで含めるように話してやらなければいけない」

教会に来る子どもは、こうした基本的なコミュニケーション能力が身についていないケースが多い。土井さん夫妻が手本を見せ、丁寧《ていねい》に繰り返し言い聞かせることで、少しずつ生活スキルを上げてやる必要があるのだ。

そのうえで「教会生活の日常である、おつとめやひのきしんなどを通して、信仰心を育《はぐく》み、徳を積ませることが子どもたちの心だすけにつながる」と土井さんは強調する。そして「近い将来、親代わりである私たちの元から離れることがあっても、お道の信仰を心の拠《よ》り所《どころ》として生活してくれれば、道を踏み外すことはないと信じる」とも。

午後は、教会で毎日二時に勤められている十二下りのてをどりまなびに子どもたちも参加する。二時直前、神殿では元里子の片山優一《かたやまゆういち》さん（仮名・21歳）がハッピ姿ですでに待っていた。

この日は、住み込みの男性信者の誕生日。夕食の食卓にはジュースが並び、子どもたちも共にお祝い

「ここで一生暮らしたい」と

優一さんは、父親の失踪《しっそう》後、母親から激しいネグレクト（養育放棄）を受けた。料金不払いで電気、水道、ガスが止められ、兄弟は仕方なく近所の公園の水を飲ん

で飢えをしのいだという。

その後、家族は離散し、三年前に里子として教会へやって来た。

当初、人とのコミュニケーションがうまく取れなかったり、スキンシップを極度に嫌ったりする虐待の影響が見られた。

その一方で、決まりごとには強いこだわりを持ち、ほかの子どもたちが約束事を守らなかったりすると、反発やいら立ちを見せ、衝突することも少なくなかった。

そんな優一さんを、児童相談所の医師は「アスペルガー症候群ないし高機能の自閉症」と診断した。

土井さん夫妻は、衣食住の安心を与えるとともに、地道にコミュニケーションを図ることで、優一さんの心のケアに努めた結果、発達障害の症状は徐々に軽快していった。

現在、優一さんは将来の就職を目指して定時制高校へ通っている。また、昨年には教人《きょうと》となり、上級や部内教会へ足を運んだり、信者の入院先へおたすけに通ったりするほか、最近では『天理時報』の手配りひのきしんにも参加している。

二十歳を迎えた一昨年、優一さんは里子としての養育期間を終えたが、自ら「ここで一生暮らしたい」と申し出た。そのとき「僕が教会にいないと困るでしょ?」と、得意げに話したという。

「寄る辺を失っていた子が、教会に自分の居場所を見つけてくれたのだと思うと、本当にうれしかった」と土井さんは述懐する。

「もう二時だ。みんな遅いぞ！」。何ごとも時間厳守を旨とする優一さんが、子どもたちを呼びに行った。てをどりまなびは五分遅れで始まった。

〃同居人〃から〃兄的存在〃へ

「たすけて頂いた喜びは、自《おのず》ら外に向《む》つて、人だすけの行為《おこない》となり、ここに、人は、親神の望まれる陽気ぐらしへの普請の用材となる。これをよふぼくと仰せられる。……」

夕づとめ後、土井さん夫妻と子どもたちは『天理教教典』を共に拝読する。この日は第九章「よふぼく」。

ひと通り読み終えた後、土井さんが子どもたちに尋ねた。

「ようぼくって、どんな人のことかな？」

口々に答える子どもたちに交じって、浩司君が「教祖《おやさま》の道具衆《どうぐしゅう》？」とつぶやいた。

「そうだね。親神様に引き寄せられておぢばへ帰り、別席を運び、存命の教祖の手足となって人だすけをさせていただく人を『ようぼく』といいます。ここにいる優一君は、今日も病院へ行って、ある信者さんにおさづけを取り次いでくれました」と土井さんが話した。

すると、浩司君は驚いた表情で「えっ、優一君が!?」と本人に視線を向けた。

その様子を見て取った土井さんは「そうだよ。神様からたすけていただいた人は、おさづけの理を戴《いただ》いて、けがや病気で苦しむ人におさづけを取り次ぐことで、今度は人をたすける側に回るんだ」と付け加えた。

なおも優一さんを見る浩司君。照れる優一さんの横顔は、弟から憧《あこが》れの眼差《まなざ》しを向けられる兄さながらに、ちょっと誇らしげに見えた。

翌日、午後の支部行事開始を前に、

コラム　里親「ファミリーホーム」の先駆け

里親によるファミリーホームは、社会的養護の必要な５～６人の子どもたちを、親代わりとなる人の住居で育てる里親制度の新たな形として注目されている。大家族での家庭生活を通して、子どもたち同士の成長を促すことを主な目的としているのだ。

これまで都道府県や政令都市などで独自に制度化されていたが、平成21年４月、「小規模住居型児童養育事業」の名称で国の制度として創設され、新たにスタートした。

平成14年の里親登録以前から、行き場のない子どもたちを預かってきた鎮亜分教会では、制度化に向けてのモデルケースとして、いち早くファミリーホーム型の養育里親に着手した。

併せて土井さんは、平成15年から北九州市立大学大学院で臨床教育学を専攻。20年11月には博士論文を提出、学術博士となった。

こうして、日本で唯一の〝治療的里親〟として、学んだ知識や研究成果を教会での実践に生かすとともに、児童福祉に関する論文を相次いで発表。関連学会や専門家から高い評価を受けている。

地域の教友が続々と教会に集まってきた。優一さんと、浩司君ら二人の子どもは、玄関先で出迎える役を任された。

優一さんが率先して来会者に声をかける。これに続いて、子どもたちが元気よくあいさつをする。その姿は、仲の良い兄弟そのものだ。

浩司君にとって前夜の出来事は、それまで〝同居人〟の一人でしかなかった優一さんを、初めて〝兄的存在〟と感じた瞬間だったのかもしれない。

◇

取材最終日、優一さんに〝弟たち〟について尋ねてみた。すると、「あの子は時間にルーズ」「この子は落ち着きがない」などとひと通り評した後、「でも、手のかかる子ほど、かわいいって言いますからね」と屈託なく笑った。人見知りが激しいと聞いていた優一さんが、初めて記者に見せた豊かな表情だった。

ここには、里親が里子を養育するだけでなく、里子同士が兄となり弟となり、互いに刺激し合って育つ姿がある。その姿は、かねて教会が、事情を抱えた家族を預かってきた中で、日常的に見られた光景にも重なる。

すでに雪雲は去った。教会の玄関を出て見上げると、すっきりと冬の青空が広がっていた。

（『天理時報』平成21年1月11日号）

里子の大学進学

「いつでも〝帰る場所〟がある」

一月中旬の北国は、雪が少なかった。今年は例年にない暖冬だという。清真布《きよまっぷ》分教会ではこの日、正月以来の里帰りをした岡田《おかだ》有加《ゆか》さん（19歳）を交えて、〝教会家族〟七人でにぎやかに夕餉《ゆうげ》の食卓を囲んでいた。

「去年のいまごろは受験で必死だったね」と話しかける会長の渡部《わたなべ》修《おさむ》さん（41歳）に、笑顔で応《こた》える有加さんは、都市部の大学へ通う一年生。昨年春までは里子として教会で暮らしていたが、入学と同時に一人暮らしを始めた。月に数回、教会へ帰ってきては近況を報告している。

里子が大学へ進学するケースは比較的少ないという。経済的理由はもとより、制度的な問題があるからだ（154ページコラム参照）。

地元のＮＨＫは昨年、大学進学を果たした里子の珍しいケースとして有加さんを取材。ニュース番組の特集で紹介した。

　有加さんは将来「社会福祉士」になりたいと希望している。その夢を叶《かな》えてやろうと、渡部さんは里親を終えた後も身元保証人となり、夫人の裕美《ひろみ》さん（41歳）とともに励ましてきた。

「教会に来た当初と比べると、有加の表情は見違えるほど明るくなった。確かに、つらい出来事もいろいろあったが、将来の目標に向けて歩みだしてくれて、本当にうれしい」と夫妻は目を細める。

頑なに心を閉ざす姉と弟

　有加さんが教会へやって来たのは、中学二年生のとき。当時、小学五年生の弟・剛《たけし》君（仮名）も一緒だった。

　祖母に続いて父が急逝《きゅうせい》。かねて病弱だった母も症状が悪化し、帰らぬ人となった。姉と弟は、わずか三カ月間のうちに三人の大切な家族を亡くした。

　悲劇はそれだけで終わらなかった。親類は、遺された姉と弟の養育を拒んだ。泣き暮れる二人がたどり着いた先は、児童相談所の一時保護施設だった。

　そんな二人を預かってほしいと、児童相談所から連絡があったのは六年前。渡部さん夫妻は二つ返事で引き受けた。

渡部さんが里親登録をしたのは平成十三年。その前年に無担任教会を預かったことがきっかけだった。地域に根差した教会を目指して、「人だすけにつながることなら何でもさせていただこう」との思いで始めたという。

そのころ、渡部さん夫妻は三歳から七歳までの実子三人の子育て中だった。周囲には心配する声もあったが、迷いはなかった。「身上や事情を抱える人たちを教会で受け入れ、共に生活してきた両親の姿を見て育ってきたから」と夫妻は口をそろえる。

しかし、心に深い傷を負った子どもの養育は想像以上に大変だった。渡部さん夫妻の里親経験は、それまで赤ん坊一人だけ。実子を含め、思春期に差しかかった子ども

夕づとめ後に『天理教教典』を拝読するときも、
裕美さんの手は子どもの体に触れている

を育てるのは初めてだった。

まず渡部さん夫妻が戸惑ったのは、二人の頑《かたく》なに閉ざされた〝心の扉〟だった。教会家族に心を開こうとせず、いつも二人だけで行動しようとした。

殊《こと》に有加さんは、何かと声をかける裕美さんに冷たく当たった。「剛さえいてくれればいい。家族なんていらない！」と声を荒らげたこともあったという。

「あのころは施設に入るほうがいいと考えていた。子どものいる家庭では、親のいない自分たちが余計みじめになると思った」と、有加さんは当時の心境を打ち明ける。

それでも渡部さん夫妻は声をかけ続けた。有加さんの心に変化が現れ始めたのは数カ月後。もともとアトピー性皮膚炎を患っていた有加さんが、深夜「背中に薬を塗ってほしい」と裕美

コラム　里子の大学進学

大学入学時、授業料などの納付に際して「連帯保証人」が記入する「保証書」の提出が求められる。

しかし、連帯保証人が容易に見つからない里子などの場合、入学に必要な書類をそろえられないことが少なくないという。

有加さんのケースは、高齢の親類が連帯保証人になることを認められなかったため、里親である渡部会長が保証人となった。

なお、国公立大学や一部の私立大学では、授業料免除の制度があるほか、入学時に連帯保証人を必要としない大学もある。

里子の奨学金の窓口としては、「独立行政法人日本学生支援機構」（http://www.jasso.go.jp）、「あしなが育英会」（http://www.ashinaga.org）などがある。

さんに頼みに来たのだ。

「あれが有加の精いっぱいの歩み寄りのサインだったと思う」と、裕美さんは振り返る。

以来、薬を塗りながら話をするのが日課となった。有加さんと教会家族との心の距離も、少しずつ縮まっていった。

悲しい別れと新たな出会い

「これは有加が高校生のときの写真」

食事中、渡部さんが額に入った家族写真を指さした。四年前、有加さんと剛君と三人の実子を連れて、北海道の旭山《あさひやま》動物園へ旅行したときのものだという。写真の中の有加さんは、満面に笑みをたたえていた。

しかし内心は、泣きたいほどつらかった。実は旅行の前夜、弟と離れ離れに暮らさなければならないことを、渡部さんから告げられたのだ。

ある問題行動を起こした剛君が、児童相談所の判断で児童自立支援施設へ措置変更されることになったのである。渡部さん夫妻が旅行を計画したのは、「せめて家族の思い出を残してやりたい」との配慮からだった。

その事実を告げたとき、有加さんは顔色一つ変えずにうなずいたという。旅行中や帰宅後も、つらさや悲しさをおくびにも出さなかった。それが渡部さん夫妻にとっては不憫《ふびん》で気がかりだった。そこで、児童相談所の職員に本人の気持ちを聞いてもらうことにした。

不安は的中していた。

「悔しいよ、悔しいよ……」

有加さんは職員の前で声を上げて泣いた。しかし夫妻には、相変わらず明るい表情を見せた。

「私たち夫婦には、何でも包み隠さず話してほしいと思うけれど、家族であるからこそ、言いにくいことや、悲しみを悟られたくないという気持ちがあるのだろう。それだけ有加の心が、私たちに近づいた証しと受けとめた」と渡部さんは話す。

悲しい別れを経験した有加さんだが、間もなく新たな〝家族〟を迎えることになった。さまざまな事情を抱えた元気《げんき》君（仮名・4歳）が、教会へやって来たのだ。この出会いをきっかけに、有加さんの心に大学で社会福祉を学ぶという一つの目標が芽生えた。

「私のように両親を亡くし、里親家庭で育つ子どももある。また、家庭の事情で預けられる子どももいる。そんな子どもたちの役に立ちたいと思った」

その気持ちを察した渡部さん夫妻は「徳分を伸ばす手伝いをするのが親の役目。でも、有加には遠慮があったのだろう。毎日あれだけ勉強していたのに、『大学へ進学したい』とは言ってこなかった。『大学へ行ってもいいんだよ』と伝えると、『本当に？』と戸惑いながらも、うれしそうな表情を見せた」と述懐する。

「お母さん」と「ママ」と呼び分け

翌朝、元気君の手を引いて幼稚園まで送る裕美さんと有加さんの姿があった。

有加さんの帰省に、元気君は大はしゃぎ。「見て、見て」と得意のお絵かきで有加さんの気を引こうとする

「元気はいま、家族ということに過敏になっている」と裕美さん。

元気君が、実母と何度か面会するうちに、本当の母親が誰《だれ》なのか困惑しているという。裕美さんのことを「お母さん」と呼び、実母のことを「ママ」と呼ぶ。意識して呼び分けているのかどうかは分からない。

最近、「ぼくは〝お母さん〟のお腹《なか》から生まれてきたの？」と質問されたことがあった。そうではないことを裕美さんが伝えると、「じゃあ、有加お姉ちゃんは？」。有加さんが「私も〝お母さん〟のお腹から生まれてないよ」と答えると、「じゃあ仲間だね」と妙に納得した表情になったという。

こんなこともあった。実母のもとに長期滞在した元気君を児童相談所へ迎えに行ったところ、元気君は実母の手をパッと離し、

「雪だるま作ろうよ」と、元気君に微笑《ほほえ》みかける有加さん

「お母さん！」と泣きながら裕美さんのもとへ駆け寄ってきた。実母は、悲しい目をしてたたずんでいた。

裕美さんは、実母にかける言葉が見つからなかったという。そして、あらためて思った。里子とともに事情を抱える親もおたすけして、親子の絆《きずな》を結び直すことが、お道の里親の大切な役目なのだと――。

「元気のお母さんは、元気が『みかぐらうた』を口ずさんだことがきっかけで天理教に興味を示し、自宅に神実様《かんざねさま》をお祀《まつ》りするようになった。お道の信仰を拠《よ》り所《どころ》に、親子の縁がつながるように心を尽くしていきたい」と裕美さんは話す。

渡部さんは、里子にはいつか旅立つ日が来ると考えている。それは、有加さんのように社会への旅立ちもあれば、元気君のように実親のもとへ帰るという旅立ちもある。いずれにせよ、旅立つその日まで、「あなたには、いつでも〝帰る場所〟がある」と伝え続けていきたいと――。

そんな夫妻の思いが伝わったエピソードがある。

四年前、いったん施設に引き取られた剛君が、「〝家族〟に会いたい」と定期的に教会を訪ねてくるようになった。今年の正月には、有加さんと一緒に帰省し、大教会の元旦祭に家族そろって参拝したという。

（『天理時報』平成21年2月8日号）

里子から里親へ

世代超え受け継ぐ思い

二年間にわたって連載してきた本シリーズルポで、取材班は現代の〝難渋だすけ〟としての里親活動を詳細に伝えてきた。

最終回を迎えるに当たり、「お道の里親にとって大切なものは何か」を見つめ直したいと考えながら、取材先である明一《めいいち》分教会を訪ねた。

会長の松井操《まついみさお》さん（81歳）をはじめ、教会長後継者の行仁《みちひと》さん（31歳）と直子《なおこ》さん（31歳）夫妻が出迎えてくださった。

朝日の差し込む玄関口であいさつをしていると、「たぁちゃん、お客さまだよ。ごあいさつしようか」と、里子の実織《みのり》さん（仮名・14歳）が、後継者夫妻の長男・忠生《ただお》ちゃん（1歳）の手を引いてやって来た。この五人に、生後五カ月の長女・みなちゃんを加えた六人が、現在の〝教会家族〟である。

家族でお願いづとめを勤める。拍子木《ひょうしぎ》の音を聞きながら、みなちゃんをあやす忠生ちゃん

「〝育て上げる〟ことが大切」

操さんの夫・忠敬《ただよし》さんが明一分教会六代会長に就任したのは昭和四十一年のこと。日々にをいがけ・おたすけに歩き、地域とのつながりを培《つちか》うなか、操さんは身寄

りのない子どもたちの話をしばしば耳にした。

操さんの育った明六十分教会では、古くからおたすけの一環として身寄りのない子どもを受け入れてきた。操さん自身も、児童相談所でのボランティア経験があったことから、忠敬会長の就任後間もないころから、夏・冬の長期休暇に養護施設の子どもを預かるようになった。

昭和五十六年、教内へ里親活動を啓蒙《けいもう》するとともに、里親活動に取り組む教友との交流を深めることを目的として、現・天理教里親連盟の前身「天理教里親会」が発足した。操さんは女性としてただ一人、会の設立に携わり、副委員長に推された。自ら里親を務めながら、制度の普及にも力を尽くしてきた四半世紀。長年の功労により、数々の表彰を受けた。

これまで預かった子どもの数を聞くと、「短期の受け入れも含めたら、何人になるか分からない」と笑う。

しかしながら、つらい思い出も少なくない。虐待されていた子どもを預かったものの、実親から「引き取りたい」と申し出があり、再び虐待される恐れがあると分かっていても、引き渡さなければならないこともあった。

また、中学卒業と同時に教会を出て働き始めた里子が、いつしか音信不通になったことも。たとえ短い縁であっても、手塩にかけて育てた子どもたちの悲しい行く末を知るがゆえに、槖さんは〝育て上げる〟ことへの思い入れが人一倍強い。

「親であれば、子どもが人や社会の役に立つ人間になるよう、責任をもって育て上げることが大切。実親であれ、里親であれ、それは同じ」と強調する。

そんな槖さんの思いを受け継いで里親登録をした元里子がいる。それが、教会長後継者夫人の直子さんだ。

「育ててもらった恩返しを」

直子さんは、槖さんが里親登録をして最初に委託された子どもだった。

五歳の直子さんが教会へやって来て三年目のこと。槖さんが腎臓《じんぞう》がんで入院した。当時、忠敬会長は教内外の多くの役職に就き、信者宅の講社祭にも飛び回るなど、教会を留守にする時間が長かった。教会には直子さんのほかに、もう一人の里子がいた。

果たして、忠敬会長一人で世話ができるのかと心配する声もあったが、忠敬会長は「母親が入院したからといって、わが子を人に預けるか？　子どもはワシが育てる！」と断言した。

教務多忙な中も、日曜日には子どもと近所の公園で遊び、小学校の運動会や遠足の日には弁当を作って持たせた。

　地元の中学卒業後、直子さんは親里の学校へ進学した。「在学中は親元を離れた解放感もあって、いろいろと問題行動を起こしては何度も処分を受けた」という。

　そのたびに、会長夫妻は各所へ謝りに回った。当時のことを直子さんは「いろいろと迷惑をかけて、いつ出ていけと言われるかとビクビクしていたが、教会へ帰ると『おかえり』と温かく迎えてくれた。言葉づかいや礼儀作法は厳しく仕込まれたが、私の反抗的な態度を怒られたことはなかった」と振り返る。

　その後、九年前の修養科修了をきっかけに、直子さんは家族と信仰について見つめ直した。「ここまで私を育ててくれた家族に恩返しを」と、教会の御用の傍《かたわ》ら、操さんの関《かか》わる社会福祉法人の職員として働いた。平成十五年に忠敬会長が出直してからは、操さんに寄り添うようにして教会活動を支えてきた。

　直子さんは、結婚を前に松井家に入籍。行仁さんを

3世代そろっての家族団欒には、いつも笑い声が絶えない

教会長後継者として迎え、現在は夫婦そろって教務に励んでいる。

取材中、「実は今日が結婚記念日なんですよ」と直子さん。そして、次のエピソードを聞かせてくれた。

三年前の結婚式当日。松井石根《いわね》・明城《めいじょう》大教会前会長が祝辞に立った。「いろいろあったが、直子がこうして幸せになってくれたのは、ひとえに槖会長のおかげ。お母さんに敬意を表したい」。そう言って拍手を送ると、一人また一人とその輪が広がり、ついには満場の大拍手となった。

「本当に、直子のことを心配してくださっていたからね。ありがたいね……」

当時を思い出したのか、槖さんの目から大粒の涙がこぼれた。

「つらくても一人じゃない」

「私にも、そんな日が来るのかな?」

結婚式のエピソードを聞いていた里子の実織さんが、ポツリとつぶやいた。直子さんが「きっと来るよ」と笑顔で答えた。

実織さんは三月中旬に教会へ来たばかり。行仁さんと直子さん夫妻にとって、四人目の里子だ。

実織さんが来た当初、操さんが「神様って、いると思う?」と尋ねると、「いるわけない」と即答した。父親から虐待を受けた実織さんは、「もし神様がいるのなら、どうして私は、こんなに苦しい思いをしなきゃならないの?」と思い続けてきたからだ。

しかし、最近になって「神様って、いるかもしれないと思うようになった」と心境の変化を口にする。

きっかけは、教会の朝づとめ後に読んでいる『幸せのたねⅡ』(道友社刊)だった。ある日、いつものように読み終えた行仁さんが、参拝者一同に「生まれてきたことについて、どう思いますか?」と問いかけた。

そのとき、実織さんは心の中で自らの来し方を振り返っていた。

「これまで何度も転校したし、いじめにも遭《あ》った。虐待する親を許せず、なんのために生まれてきたのかと思ったが、周りにはいつも心を許せる人がいた。どんなにつらくても、一人じゃなかった。縁あって教会へ来たことも、神様のおかげかもしれない……」

そこまで考えを巡らせたとき、ふと心が軽くなったという。

「教会へ来て本当に良かった。私もみんなの役に立つ人になりたいな」と、実織さんはにっこり微笑《ほほえ》んだ。

「教祖のお言葉を忘れず」

行仁さんと直子さん夫妻が里親を始めたのは一昨年、長男・忠生ちゃんが生まれて間もないころ。操さんから強く勧められたことがきっかけだった。

「自分が育ててもらったように、いずれは私も、と考えていた。でも……」

なぜ、いまなのか。「血のつながった家族をようやく授かって、子育てに専念したい」と思っていた矢先だっただけに、すぐには受け入れられなかった。

「にをいがけ・おたすけは、自分の都合でやるものではない。たすけを求める子どもがいたら、手を差し伸べるのがようぼくの役目」という操さんの言葉に、直子さんの心が定ま

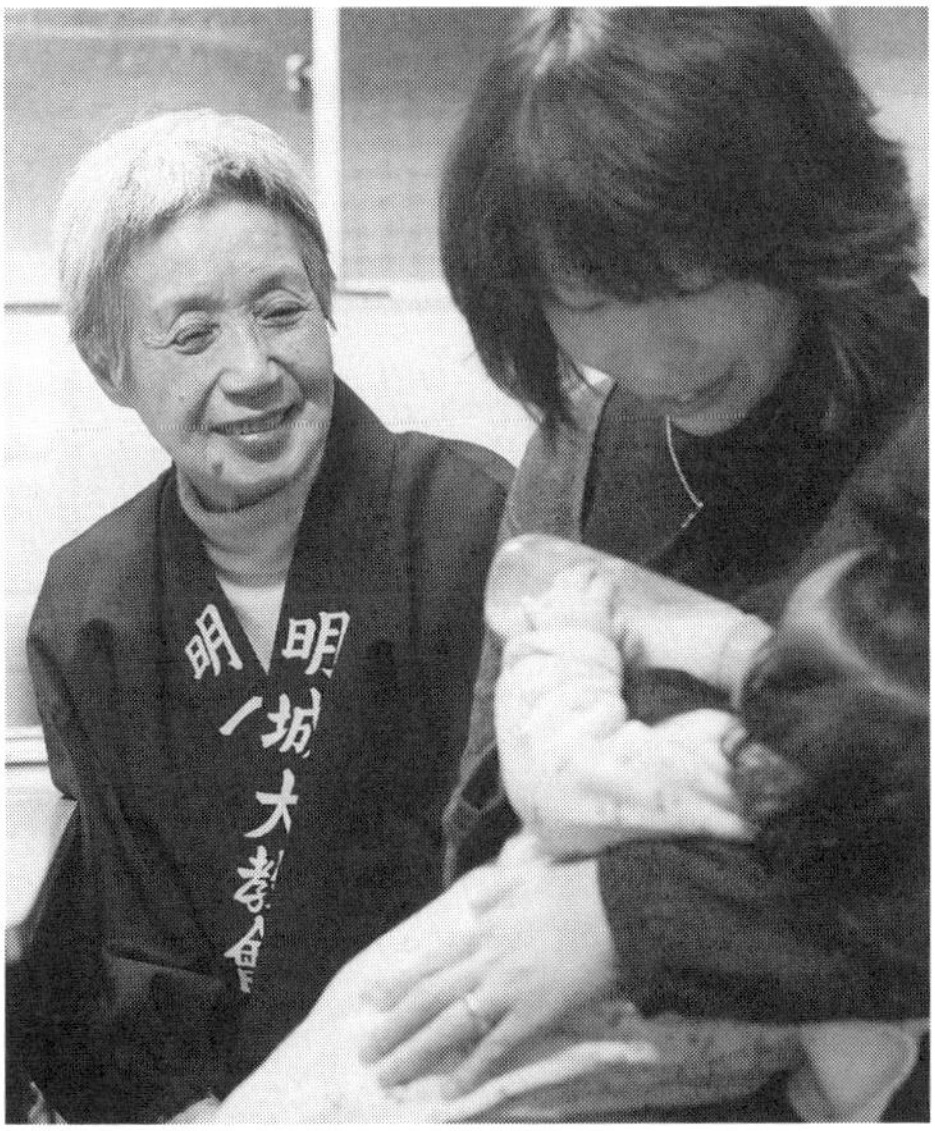

操さんは母として、また里親の先輩として、子育てにいそしむ直子さんを温かく見守っている

った。

「私が子どもを授かった喜びは、会長さんが誰《だれ》よりも分かっている。だからこそ、わが子を授かったこのときに、たすけ一条の道を歩む心構えを仕込んでくれたのだろう」と気がついた。

「自分が親になって初めて、わが子も里子も同じ心で育てるということが容易ではないと実感した。里子の一人ひとりに『教会へ来て良かった』と思ってもらえるような、会長さんみたいな里親になりたい」と、行仁さんと直子さんは口をそろえる。

操さんは、現在のお道の里親活動について「里親会が発足した当時と比べて、活動の輪が大きく広がっていることを、とてもうれしく思う」と話す。

「私自身の〝座右の銘〟であり、お道の里親にとって忘れてならないのは『人の子を預かって育ててやる程《ほど》の大きなたすけはない』という教祖《おやさま》のお言葉。お道の里親一人ひとりが、預かり子をきちんと育て上げることが〝大きなたすけ〟につながるはず。このお言葉を忘れず、その思いを受け継ぐ人が増えていけば、必ず陽気ぐらしに近づくと信じる」

静かに語る操さんの顔には、里親活動に半生を捧《ささ》げた信念があふれていた。

（『天理時報』平成21年4月19日号）

寄稿

天理教の里親活動の特長

村田和木

【むらた・かずき】
1956年、福島県生まれ。宇都宮大学農学部卒業。『暮しの手帖』『東京人』の編集者を経て、98年、フリーのライターになる。『婦人公論』などの雑誌を中心に、インタビュー記事やルポルタージュを執筆。2003年『中央公論』の特集記事をきっかけに里親家庭の取材を始める。04年からは都内の児童養護施設で週1回、生活ボランティアをしている。著書に『「家族」をつくる——養育里親という生き方』(中公新書ラクレ)がある。

困っている子が幸せに生きるため

四月二十五日、初めて天理市を訪ねた。

私はフリーのライターで、里親子に関する取材を続けて六年になる。二十三の里親家庭をルポした『「家族」をつくる』という本も出した。昨年末から、㈶全国里親会が年に数回発行する『里親だより』の編集を手伝っている。

『里親だより』には「里親会を訪ねて」という欄があり、第八十号で天理教里親連盟を取り上げることになった。当初は、東京から遠いこともあって、あまり乗り気ではなかったのだが、里親に委託されている全国各地の子どもの一割以上が、天理教の家庭で暮らしていると聞き、俄然《がぜん》、興味が湧《わ》いてきた。

天理教里親連盟委員長の藤本忠嗣《ふじもとただつぐ》さん（秦《はだ》分教会長）に連絡すると、近いうちに合同福祉大会が開催されるという。里親連盟の総会や分科会もあるというので、その日、つまり四月二十五日に取材させてもらうことにした。

励まし合いが大きな力に

天理駅に着くと、「おかえりなさい」の垂れ幕が迎えてくれた。街のあちこちにも「ようこそおかえり」と書かれた看板がある。信者の方々にとって、ここは〝ふるさと〟なのだろう。

道路の幅がかなり広く、瓦葺《かわらぶ》きの大きなビルが並んでいる。なんだか別世界に入り込んだような気がした。

合同福祉大会の会場は、天理大学南棟校舎。二階の各教室に「教誨師《きょうかいし》」「施設」「民生・児童」「酒害」「療養所」「保護司」「聴力」と書かれた紙が貼《は》ってある。天理教の人たちは、いろいろな福祉活動をしているのだと知った。

総会では「来年の全国里親大会の会場として、天理市が候補に挙がっている」という話題が出た。現時点では全くの未定だそうだが、そういう話が出るのも、里親連盟の活発な活動が評価されている証しだろう。

里親連盟の総会の後は、すぐに分科会に移る。テーマは「始めよう里親」「幼児・小学生の養育」「中高生の養育」「自立支援に向けて」「ファミリーホームの活動」の五つ。私は、ファミリーホームの分科会に参加することにした。

ファミリーホーム（小規模住居型児童養育事業）とは、養育者の家で五、六人の委託児童を育てる社会福祉事業だ。昨年十一月の児童福祉法改正によって、国の制度となった。

ファミリーホームのねりあい（話し合い）では、参加者がざっくばらんに話し合う様子がよかった。里親会によっては、里子の自慢話や、いわゆる〝いい話〟ばかりで、養育上の悩みや不安を打ち明ける機会がないと聞くからだ。

しかし、里親に委託される子どもたちのほとんどは、過酷な体験を強《し》いられている。実の親から虐待を受けた子どもも少なくない。彼らは、大人への根強い不信感を抱き、自分を大切にする気持ちも育っていない。

そういう子どもたちと一緒に暮らしながら、彼らの心の傷を癒《い》やしていくのは大変なことだ。里親が子どもに傷つけられることもある。悩んだり、迷ったり、苦しくなったときに、信頼できる仲間と語り合い、励まし合えるのは大きな力になる。

「勉強会をもっと充実させたい」という発言もあった。天理教の里親のより一層の資質向上を目指す「専門研修会」も、今年度から年に二回企画されているそうだ。

昨今、養育の難しい子どもが増えていることへの対応だろう。それぞれの信仰心を支えとしつつ、「よりよい養育技術を身につけたい」という姿勢に好感を持った。

「シリーズルポ」を読んで

天理教の人たちの里親養育をもっと知りたくなり、後日、教団の機関紙『天理時報』で二年余りにわたって連載されたシリーズルポ「里親の現場から」全十八回を読ませてもらった。

里子と実子との間に生じる葛藤《かっとう》をはじめ、きれいごとではない里親養育の実情が書かれていて、感動した。

なかには、いったん預かった子どもを施設に入れた例もある。その決断をするまで、里親夫妻はどんなに悩んだことだろう。「その子が将来、どうすれば自立できるようになるのか、そのためにどうすればいいのかを考えるのが、本当の親心ではないか」という言葉に重みがあった。

連載を読んで、私が感じた天理教の里親活動の特長を個条書きしてみよう。

1　「おたすけ」という基本精神がある

連載の第一回に「子どもと親を並行しておたすけせねば」という言葉があった。「おたすけ」とは、他人の苦しみを自分のものとして受け取り、その苦しみから少しでも抜け出してほしいと、その人のために努力し、対処することだと分かった。

そういう基本精神があればこそ、困っている子どもたちだけでなく、その親の苦しみや悩みも受けとめるのであろう。そして、児童相談所から依頼があれば、どんなケースでも進んで受け入れ、一度預かった子どもとは、措置解除後もずっと付き合っていこうとするのだろう。

2　きょうだいで委託されるケースが多い

一般の里親家庭で、三、四人の子どもを一度に預かるのは、家の広さからいっても難しい。それゆえ、きょうだいのケースだと、児童養護施設に入所させられることが多かった。とはいえ、きょうだいが同じ寮で暮らせるとは限らない。きょうだいが一緒に、同じ家庭環境で暮らせるのは、大きな利点だ。

3　大家族で食卓を囲む楽しさ

食卓は家庭の原点だ。教会では、里子の数も多いが、実子の数も結構多いようだ。住み込みの人もいる。みんなで囲む大家族の食卓は、さぞかしにぎやかだろう。楽しい食卓の場では、子どもの悩みや本音も自然に出てくる。

4　信仰をもとに〝心の拠《よ》り所《どころ》〟学ぶ

里親家庭に来た子どもが特定の宗教を信仰することについては、否定的な意見もある。もちろん強制はいけないが、信仰を通して、人としての生き方――たとえば、たすけ合いの大切さ、役に立つことの喜び、そして善悪の基準を学ぶのは大事なことだと、私は思う。

このほか、教会を「いつでも帰れる場所」として提供している点や、教会の信者さん方や地域の人々の協力があることなども、大きな特長だろう。

◇

里親制度は、困っている子どもたちが幸せに生きるために存在する。連載の中に、それを証明する素敵な言葉があったので、最後に紹介したい。

「血のつながりはなくても、いま毎日がすごく楽しくて、とても幸せ。もしかしたら、生きているって、こんなことを言うのかな」（17歳の舞《まい》さん・「父に捧《ささ》げる『ありがとう』の歌」から）

こんなふうに思える子どもたちが、もっともっと増えるように願っている。

（『天理時報』平成21年8月2日号）

鼎談

これからの児童養護を担う里親制度

土井高徳

【どい・たかのり】

1954年福岡県生まれ。熊本大学法文学部を経て、北九州市立大学大学院博士課程修了。学術博士。地域の医師や臨床心理士など15職種の専門家と連携し、日本で唯一の〝治療的里親〟としてファミリーホームを運営。天理教鎮《ちん》亜《あ》分教会長。

早樫一男

【はやかし・かずお】

1952年京都府生まれ。追《おう》手門《てもん》学院大学文学部卒業。臨床心理士。児童相談所心理判定員、知的障害者更生相談所所長補佐、身体障害者更生相談所次長、児童自立支援施設長を経て現在、児童相談所長。天理教彌榮《やさかえ》分教会彌生《やよい》布教所長。

柏女霊峰

【かしわめ・れいほう】

1952年福岡県生まれ。東京大学教育学部卒業。現在、淑徳《しゅくとく》大学総合福祉学部教授、同大学院教授、日本子ども家庭総合研究所子ども家庭政策研究担当部長、厚労省社会保障審議会児童部会社会的養護専門委員会委員長を務める。

里親制度の変遷と現状

早樫　近年、社会構造やライフスタイルの変化などによって家庭が崩壊し、家庭内で適切な養育を受けられない子どもたちが増えています。こうした状況に対する児童養護の体制作りの一環として、里親制度も大きく変化しています。具体的には、里親の専門化、ファミリーホームの制度化など、さまざまな取り組みが推し進められています。

『天理時報』連載のシリーズルポ「里親の現場から」では、天理教内の里親家族の取り組みを十八回にわたって紹介してきました。連載の意図は、まず読者に里親活動のいまを伝え、さらなる理解を促すこと。そして、もう一つは、里親家庭という血縁によらない家族の営みの中に、新たな家族の姿を見いだすことにありました。

連載はおよそ二年間行われ、記事を見て里親を志す若い教会長夫妻が増えているとの報告も聞いております。

今後ますます重要性を増すであろう里親活動の現状と課題、さらに、そのような中で天理教の教会が担っていくことのできる役割について、これからお話しいただければと思います。

私は司会進行役とともに、これまでの児童福祉の経験や施設処遇に携わってきた立場から意見を述べさせていただきます。どうぞ、よろしくお願いいたします。

まず初めに、厚生労働省の社会保障審議会児童部会社会的養護専門委員会委員長として、児童養護の制度設計に携わっておられる淑徳大学教授の柏女霊峰先生に、里親制度の変遷と現状についてお話しいただきたいと思います。

柏女　言うまでもなく、子どもは親の温かい愛情のもとで家庭生活を経験しつつ育っていくことが、最も望ましいわけです。しかし、世の中には親のいない子どもや、いたとしてもいろいろな事情、さらには不適切な養育などによって、家庭で暮らしていくことのできない子どもが大勢います。こうした家庭環境を奪われた子どもたちには、家庭に代わる養育環境、さらには不適切な養育などによって、子どもたちが被った心身の痛手をケアしていく環境が用意されなければなりません。このような目的のために、社会が用意した養育環境の体系を「社会的養護」と呼んでいます。

社会的養護の体系は、国や文化によって大きく異なりますが、わが国では「施設養護」と「家庭的養護」の二本柱から成り立っています。施設養護とは、乳児院や児童養護施設などの児童福祉施設による、文字通り、施設による養護のことをいいます。基本的に、集団生活を前提としています。一方の家庭的養護とは、子どもを家庭的な環境の中で養育しようとするもので、その代表格が里親です。

日本の社会的養護の体制は第二次世界大戦後、孤児対策の必要性から構築されました。昭和二十二年に児童福祉法が制定され、これによって子どもの福祉の基本が決まりました。里親制度も、児童福祉法の施行に伴って運用されるようになりました。

以後、里親に委託される子どもの数は漸次増えていき、十年後の昭和三十三年には九千四百八十九人に上りました。しかし、これをピークにどんどん減少し、平成十一年には四分の一弱の二千百二十二人にまで落ち込みました。

ところが、近年になって再び増加に転じました。平成二十年三月には三千六百三十三人と、この十年間でおよそ千五百人増えたことになります。この人数は、社会的養護を必要とする児童全体の約一〇パーセントに当たります。

施設で養護される子どもよりも、里親に委託される子どもの割合が増えるのは、一見、喜ばしいことのように思えます。しかし、そうとは言えないのが実情です。里親増加の一番の原因は、社会的養護を必要とする子どもの総数が増えた結果とも言えるからです。

いま、施設養護から家庭的養護へ
里親制度もリニューアル

柏女

その原因は、主に家庭の崩壊にあります。社会構造やライフスタイルの急激な変化に伴って、従来の家族観は崩れ去り、育児放棄や虐待などによって、親が健在であるにもかかわらず親元で暮らせない子どもたちが増えているのです。そのため、施設も満杯に近い状態となり、入所できない子どもたちを里親にお願いしているというのが、里親委託率が高まった一番の理由です。

いま、こうした社会の現状に鑑《かんが》みて、社会的養護の体系の再構築が行われています。具体的には、児童福祉法制定以来の、大規模施設等による「施設養護」を中心とする体制から、より家庭的な環境を提供できる「家庭的養護」を主とした体制への移行です。それに伴い、里親制度もリニューアルされてきました。

第一の大きな改正は、昭和六十二年の特別養子縁組導入に伴うものでした。養子縁組は、法的な親子関係を築くことで子どもに安定感を与える、子どもの福祉にとって大切な制度です。既存の普通養子縁組の場合は、養親と実親の双方に子どもとの法的な親子関係がありますが、特別養子縁組の場合は、実親との親子関係は法的に終了し、養親が唯一の親となります。この制度は、子どもの利益を最優先に考慮して創設されました。

その後、小幅な改正や改善はあったものの、第二の大きな改正は、平成十四年まで待たなければなりませんでした。多様化する家庭や子どもの状況に対応するために、厚生労働省令により「養育里親」「親族里親」「短期里親」「専門里親」が設けられたのです。

養育里親とは、本人が十八歳になるか、家庭復帰が可能になるまで里親が面倒を見るというものです。親族里親とは、祖父母などの親族が里親になるものです。短期里親とは、養育力が脆弱《ぜいじゃく》な家庭の子どもを一年以内の短期間預かるもので、それによって家庭の養育力の回復を支援しようというものです。そして、専門里親とは、専門知識と治療的な技術をもって、心身に有害な影響を受けた子どもたちを養育するものです。

また、「里親が行う養育に関する最低基準」が定められ、施設が行う養育と、里親が行う養育との間に権利・義務の差がほぼなくなりました。これは、里親の立場が、施設と同等になったという意味で画期的なことです。

そして平成二十年には、第三の大きな改正が行われました。主な改正点の一つに、これまで混在していた、養育里親と、養子縁組を前提とする里親とを明確に分けたことがあります。これは、養子縁組を望まない実親の危惧《きぐ》を取り除き、里子の委託増加を促すためのものです。今後、家庭的養護を拡充していくうえで、養育里親にその中核を担っていただきたいとの意図のもとに行われました。

また、里親の種類が養育里親、養子縁組を希望する里親、親族里親、専門里親の四つに整理されました。短期里親は養育里親に含まれることになりました。

そのほか、希望する誰《だれ》もが養育里親になれるよう、里親登録の事前研修や受託時の研修の実施、手当の増額、さらに、バックアップ体制として、里親支援センターの設置などが盛り込まれています。

この成果がこれからどう出てくるか。日本の福祉の、いわば底力が試されているのではないかと思っています。

〝当たり前の生活〟を保障する

早樫　これまで里親は、どちらかというと、施設養護を補完する役割を果たしてきましたが、国の施策において、施設中心の養護から、里親などの家庭的養護を中心とする体制への移行が進められているということですね。

柏女　そうです。社会的養護の基本は、家庭環境を奪われた子どもたちに、〝当たり前の生活〟を保障していくということにあります。たとえば、クラブ活動の早朝練習があるときは朝早く起きる。アルバイトがあるときは遅く帰ってくる。帰ってきてお腹《なか》がすいていたら、「今日のおやつは何？」と冷蔵庫を開ける――。親と暮らす子どもにとっては、ごく当たり前のことです。それを提供できるのは、やはり家庭なのです。

日本では現在、社会的養護のもとにある子どもたちの総数のうち、里親に委託されている子どもはおよそ一〇パーセントですが、世界的に見ると、イングランドでの里親委託率は六〇パーセント、ほかの欧米諸国も軒並み四〇パーセントから八〇パーセントを占めています。

わが国でも、平成二十二年に策定された「子ども・子育てビジョン」において、里親の委託率を二十六年度までに一六パーセントへ引き上げることが設定されました。引き続き、行動計画を作るなどして、委託率のアップに努めていかねばなりません。

早樫　では、実際に里親をされている土井先生の立場から、エピソードも交えて、現場の様子をご紹介いただけないでしょうか。

土井　私どもの里親「ファミリーホーム」は、十代の青少年六人から十人が〝教会家族〟の一員として生活しています。その多くは、親や親類、児童養護施設や更生保護施設からも養育を拒絶され、引き受け手がいなかった子どもたちです。虐待的な環境で育ち、「発達障害」を持っている子が多く、その二次障害によって深刻な問題行動や精神症状が見られる子も少なくありません。

そういう子どもたちと二十四時間一緒に生活することを通して、彼らが二度と傷つかないよう「安心の環境」を与えること、そして、これまでに失ってきたいろいろなものを回復させて、子どもたち自身が本来持っている〝復元力〟が働くようになるまで見守っていくことが、私たちの使命だと思っています。

彼らの抱える大きな問題の一つは、人生の指針となるような〝自己形成モデル〟を身近に持っていないこと、きちんとした人間関係のモデルを学ぶ機会がなかったことです。虐待を受けてきた子どもの家庭では、親から子への虐待と、夫婦間のドメスティック・バイオレンス（ＤＶ）が裏表の関係になっているケースが非常に多く見受けられます。両親は生活上の葛藤《かっとう》を、夫婦間、あるいは子どもへの暴力として吐き出してしまうのです。

子どもたちの多くは、やがて家庭を持つわけですが、そのモデルとなる家庭像が歪《ゆが》んでいると、〝不幸の連鎖〟が繰り返されることにもなりかねません。ですから、私どもの教会へやって来た子どもは、まず私たち夫婦の姿、家族の姿を通して、新たな家族のモデルを学び直すことになります。

たとえば、子どもたちにとって、これまで父親と母親のけんかといえば、殴ったり蹴《け》ったりするものだったかもしれません。けれども、私たち夫婦の場合、もめ事が起きても、だいたい最後は私が妻に「ごめん」と謝ります（笑）。子どもたちは、それをジーッと見ています。人間関係がこじれても、こんな修復の仕方もあるのかと学ぶわけです。

多くの子どもたちは、社会的に自立した後も、土日の休みなど、事あるごとに教会に戻ってきます。そのとき彼らは決まって、ビールの「一番搾《しぼ》り」を提げてきます。なぜかというと、妻が好きな銘柄だからです。どうやら、わが家の権力構造も、ちゃんと把握《はあく》しているようです（笑）。

それはともかく、私たち夫婦のありのままの姿を見せ、人間関係というものを学んでもらうことが大切だと考えています。

彼らは教会を巣立った後も、お正月、子どもたちの誕生会、あるいは「父の日」や「母の日」に帰ってきて、一緒に祝ってくれます。みんな、かつての家では誕生会があったわけでもなく、入学式さえ祝ってもらった経験がありませんでした。人生の折り目節目で、自分の存在価値を認められる体験が非常に乏しいのです。

ですから私たちは、誕生会、入学式、卒業式などには必ずお祝いをして、「君はとても祝福されているんだよ」ということを伝えます。

しかし彼らは、自分のことを〝価値ある人間〟としてなかなか認められません。小さいころから虐待などを受けてきたことによって、自尊感情が非常に低いのです。

その自己肯定感の低い子どもたちに、「生きていることは素晴らしいんだ」と生命の息吹を吹き込んでやることが、私は非常に大事なことだと思っています。

　私どもの教会には、三年遅れで高校進学するような子どもたちがたくさんいます。彼らは、ごみ箱から食べ物を探し出したり、水だけで一週間も過ごしたりするような過酷な生活環境の中で、学ぶことさえ保障されないで生きてきました。そうした子どもたちが教会にやって来て、食べるものの心配もなく、毎日安心して暮らせることが分かったとき、学習意欲が湧《わ》いてくるのです。そして、学校へ行き始めて成績がだんだん上がってくると、答案用紙を持ってきて「これを見てください！」と、目を輝かせるのです。そんなとき私自身も、子どもたちの成長とともに歩んでいく里親としての生き方に、非常に満たされる思いを感じます。

早樫　家庭的養護の家庭的たるゆえんが伝わるエピソードでした。いままでの話をお聞きしていて、すごく単純なことのようだけれども、とても大事だと思ったのは、子どもにとっての〝当たり前の生活〟をどう保障していくかということです。その意味では、施設養護の中では、どうしても実現できない部分があります。さまざまな事情で子どもたちが家庭的養護を失ったとしても、それに代わるものを社会が用意

施設養護では実現できない
里親の役割は重要　早樫

できれば、これに越したことはありません。そういう面で、里親の役割は大変重要だと、あらためて思いました。

柏女　先ほどの「一番搾り」の話がそうですよね。施設養護だと、たとえ地域小規模養護施設であっても、勤務中の職員はビールを飲めないと思うんです。夫婦げんかにしてもそうです。職場の職員同士のけんかではなく、夫婦げんかに意味があるのですね。

日本ファミリーホーム協議会の会長を務められた広瀬タカ子さんが、よくこうおっしゃっていました。「家族のプライバシーをすべて見ることで、子どもたちは家族というものを学んでいくんだ」と。家族の当たり前の姿を子どもたちに見せていくことが、心の成長にとって非常に大切だと思います。

土井　私たちはまさに、日常的にプライバシーをさらけ出して子どもたちと関《かか》わっていますが、私たちのような数人の子どもを預かるファミリーホームの場合、子ども同士の関わり合いにも大きな意味があると思っています。

私どもの教会では、縁あって集まった者同士が互いに生きる力を育《はぐく》み合いながら、上は十代後半から下は乳児までが共に生活しています。もちろん、血のつながりはありません。

しかし、共に生きようとする意思があって、時には葛藤や桎梏《しっこく》を孕《はら》みながらも、寄り添い支え合って暮らしています。その姿に、私は一つの〝家族のかたち〟を見る思いがするのです。

私は、教会にやって来る子どもたちに、こう言うんですよ。

「君がここにいたかったら、暴力を振るうのをやめなさい。もし、それをしてしまったら、ここにいられないよ。〝家族〟でいられなくなるんだ。君がどうするかは、自分で選ぶことができる。君の主体的な選択として、ここにいたいと思うなら、君は自分をコントロールしなくちゃいけない。そのコントロールをしようとする努力に対して、私たちはどんな応援も惜しまない」

私たちが子どもを支える一方で、子ども自身にも主体的な選択の権利があります。最近では、児童相談所も里親宅を子どもにまず見学させてみたり、里親も試験的に子どもを受け入れてみて、相性を見極めたりします。けれども、私のところでは、来る子はほぼ拒まずに受け入れています。全員を受け入れるから、知人からは「ちょっとは選ばなくちゃだめだよ」と、よく言われます。

しかし私は、子どもたちがうちの教会にやって来るのは、神様が私という人間を見定めて、〝育て直し〟を任せようと引き合わせてくださったのだと思っています。ですから、問題を抱えて引き取り手のいない子であれ、できる限り受け入れてやりたいのです。

本人にしてみれば、たまたま児童相談所の措置として、うちに来たと思っていても、教会で過ごすうちに、「あっ、ここは僕の居場所なんだ」と思ってもらいたい。そして、生活を共にする〝家族〟というものを知ってほしいのです。

いまの世の中、起居を共にしていても、生活空間がバラバラだったり、会話もなかったりする家族はたくさんあります。

また今日、日本の総世帯数約四千九百万世帯のうち、独居世帯が約千四百五十万、夫婦のみの世帯が約一千万、合計すると半数に上ります。これに、ひとり親と子どもの約四百万世帯を加えると、全体の六割近くを占めています。かつて家族の典型とされた、両親と子どもが一緒に住む家庭は半数にも満たず、家庭のありようが大きく変化し、血縁的な絆《きずな》が弱くなっています。同時に地縁的な絆も薄れ、ソーシャルキャピタル（社会資本としての人間関係）が失われているのが現状です。

このように、日本の家族の形態が崩れ始め、だんだんと単身家族が増えていく中で、家族というものの基本的な考え方や、家族にまつわるテーマそのものが変わりつつあるように思います。

血のつながらない者同士が集まって共に生きていく、いわば〝拡大家族〟である里親家庭は、現代社会における新しい家族のありようを示唆する部分があるのではないでしょうか。

地域社会で育てる大切さ

柏女　そこに血縁関係があろうとなかろうと、親密な人間関係があることに、家族の意味があるのでしょうね。それが癒《い》やしとなり、家族それぞれの心の安定を生み出すからです。

その一方で、親密な人間関係はストレスを生み出すこともあります。距離が近すぎるがゆえに、お互いの棘《とげ》で刺し合うような場合もあるのです。そうならないためにも、里親家庭そのものが地域に開かれていることが大事だと思います。

家庭的養護のもう一つの意義は、地域社会の中にあるということです。実際、子どもたちは、これからの人生において地域から孤立して生きていくことはできません。地域に住む人々とのつながりの中で育ち、学び、働いて、生きていくのです。

ところが、従来の大規模施設では、地域とのつながりはどうしても薄くなりがちです。この点については、施設養護の現場でも改革がなされていて、地域小規模児童養護施設などを地域内に分散させていく取り組みが始まっています。こうした方向性は正しいものだと私は考えています。

里親や小規模施設がどんどん増えれば、地域に社会的養護が開かれていくことになり、ひいては、それが子どもの福祉全体の利益につながります。

そのためには、里親家庭の様子を地域の人々にもっともっと知ってもらうことが大切です。しかし現状では、里親家庭は地域の中であまり知られていません。その理由としては、たとえば、里親が子どもを連れて病院へ行くと、名字が違うために好奇な目で見られたりするなど、周囲の視線から子どもを守りたいという意識があると思います。けれども、地域で社会的養護が当たり前に行われていくためには、地域の人々と関《かか》わることが欠かせないのです。

現在、行政上の区分では、社会的養護に関することは都道府県の担当になっています。その理由の一つは、社会的養護は大規模施設を単位とする施設養護が中心なので、市町村より広域性のある都道府県のほうがいいだろうという判断からです。ですから、児童養護施設や里親などの整備拡充や、施設入所児童の生活支援については都道府県の責任であり、市町村は関与していません。

一方、少子化対策として行われてきた子育て支援サービスの整備は、市町村の責任です。つまり、どちらも子どもに関する支援であるにもかかわらず、社会的養護サービスと子育て支援サービスとの間に溝ができているのです。そして、都道府県は市町村に在宅福祉サービスの整備を、市町村は都道府県に社会的養護サービスの充実を互いに要求し合い、両すくみになって、計画的な整備が進まない事態が続く。その結果、両者の間の溝に落ちる子どもを生み出してしまうことになるのです。

私は、地域の中に里親家庭やファミリーホームがたくさん広がっていけば、こうした問題を変えていけるのではないかと考えています。たとえば、人口二、三万の地域の場合、十人の里親がいれば、その地域の要保護児童はカバーできることになります。そうなれば、なにも県の機関で要保護児童の行き先を調整する必要はなくなります。社会的養護も市町村が責任を持つという体制になれば、社会的養護を受けている子どもたちへの理解が、それぞれの地域でもっと広がっていくと思うのです。

土井　私は、里親をやっていることを地域で明言しています。地区のお祭りには、準備段階から子どもたちを連れていって、一緒に櫓《やぐら》を組んだりします。敬老会のステージを作るときも同様です。このように、地域の人たちと交流する中で、私たちの活動に共感された方が「育ち盛りだから大変でしょう」と、キャベツやスイカを持ってきてくださったりするんです。ただし、一度に五十個百個の単位ですから、しばらくは食卓に同じものが並びますが（笑）。

また、私たち夫婦が留守にするときには、代わりに晩ご飯を作ってくださる方もおられます。私の妹は、以前は里親をすることに反対だったのですが、いまでは子どもたちの運動会ともなれば、朝早くから弁当作りを手伝ってくれます。子どもたちと接することで、私たち家族はもとより、地域の人々の意識も少しずつ変わっていくのです。

　私どもの教会では、深刻な病理を抱える子どもたちを預かっています。その子たちを支えるために、地域の十五職種の専門家に援助をお願いしています。たとえば、社会的な自立が難しい子どもには「ジョブ・コーチ」をつけることもありますし、障害者担当のハローワークの職員と連携したりもします。さまざまな専門家と手を携え、家族と地域と専門家が一体となって、継続的に子どもを支えていく仕組みをつくっています。そういう点でも、地域との関わりはとても重要です。

　また、普段の生活においても、地域の人々とのふれ合いは大切です。たとえば、お客さんが訪ねてくると、子どもたちがお茶を持ってきます。慣れた手つきで出すものですから、お客さんも「大したもんですね」「立派ですね」と褒《ほ》めてくださる。そういう場面で、子どもたちは社会性を学んでいくのです。日常生活の些細《ささい》なことですが、子どもたちの心の成長のうえでは、とても大事なことなのです。

地域との関わり通して
子どもは社会性を学ぶ　土井

さらに、ファミリーホームにおいて、さまざまな困難を抱えた子どもたちの養育を通じて得られた子育てのノウハウは、子育てに悩む地域の若いお母さんたちにとって大きな社会的資源となります。そうしたことを含めて、私は里親家庭というものは、常に地域に向かって窓を開けておかねばならないと考えています。

ファミリーホームへの期待

早樫　今回の制度改正のポイントの一つが、ファミリーホームの制度化です。土井先生が所属する「日本ファミリホーム協議会」は、制度化される以前から、先駆的にファミリーホームに取り組んできた方々で組織されており、その会員の多くは、天理教の教会関係者で占められていると聞いています。

ファミリーホームの良いところは、育ってきた背景の異なる子どもたちが〝大家族〟として生活することで、相互に孤独感を解消するとともに、自分自身を見つめ、他人との協調関係を学べる点にあるでしょう。

土井先生には、先ほど実際の取り組みについてふれていただきましたが、このファミリーホームについて、柏女先生からもう少しご説明いただければと思います。

柏女　私がファミリーホームを制度化しなければならないと考えたのは、実際にファミリーホームを運営されている里親たちの現状を知ったのがきっかけです。当時、全国に四十一のホームがありましたが、財政的な支援が非常に少なかったのです。この人たちがこんなにも献身的に頑張っているのに、公的なサポートをしていく必要がないのだろうかと考えたときに、これは制度化すべきだと思いました。

出来上がった制度は、結果的には、私の構想とはやや異なる形になりました。しかし、制度化されて、とても良かったと思っています。理由は三つです

まず、ファミリーホームが次々と誕生していけば、それによって家庭的養護が広がっていくということです。

次に、ファミリーホームが増えることによって、地域の中に社会的養護が広がっていくということです。先ほどお話ししていただいた土井ホームの例のように、地域の中に社会的養護が溶け込んでいくからです。そうなると、行政面でも、市町村が里親家庭にもっと関わることになり、在宅サービスや子育て支援サービスなどの社会的養護サービスと、より一層つながりを強めることになると思います。こうして、子育て支援全体が豊かになっていけばいいと考えています。

三つ目は、今回の制度化によって、養育者の要件に、里親だけでなく児童養護施

設等の経験者が入ったことです。施設に勤めていた方が、その経験を生かして、次のステップへ進む新たな可能性がもたらされました。

この三つをトータルに見ると、大きな一歩になったと思います。今後は、里親やファミリーホームを支援する機関が整備されていくことが重要だと思います。

早樫　かつて、私が関わっていた児童自立支援施設は小舎夫婦制で、ファミリーホームに共通する部分が多々ありました。そうしたものも含めて、児童養護の今後については、どのようにお考えでしょうか。

柏女　いろいろなタイプの社会的養護の形態があっていいと思います。それこそ、土井先生が治療的な養育をファミリーホームでやっておられますが、これは個人の力量に負うところが大きく、誰もが同じことはできません。

また、里親だけで、すべての社会的養護を担えるわけでもありません。早樫先生が携わってこられた小舎夫婦制による施設ケアも大事ですし、地域小規模児童養護施設などの展開によって、施設を地域に開放して、さまざまな受け入れ形態をつくっていくことも期待されます。こうして、できる限り多くの子どもたちが、地域の中で暮らせるようにすることが大事なのです。

ファミリーホームが増えれば地域に社会的養護が広がる　柏女

場合によっては、治療的な養育を行う施設が、里親家庭やファミリーホームをバックアップするような仕組みも、これからできてくるかもしれません。そのような複層的な仕組みが望ましいと思います。

土井　ファミリーホームの良さの一つは、個別的ケアと多人数養育の両方を兼ね備えている点にあると思います。子どもは、やはり「私のおとうちゃん」「私のおかあちゃん」であってほしいのです。しかし、いまの施設では、どんなに職員の方が頑張っても、その思いを満たすことはできません。

社会の現状では、家庭で暮らすことのできない子どもがどんどん増えています。この喫緊の課題に、即応性をもって柔軟に対応できるのは、ファミリーホームだと考えています。またファミリーホームでは、子どもたちの心の傷をケアしていく機能を併せ持つことも可能になるでしょう。

私は将来的に、児童養護施設が地域の中心的な子育て支援基幹センターとなり、私たちのようなファミリーホームは、子育てセンターのサテライト（中継施設）になれればいいなあと夢を描いています。具体的には、児童養護施設が子どもを一時的に保護して初期のケアを行い、地域のファミリーホームや里親へ送り出す。そして、ファミリーホームと里親は、地域の人々によって支えられるとともに、〝子育てのベテラン〟として、地域の若い母親の子育て支援にも貢献していく。こうした流れができれば、理想的だと思います。

天理教の里親観とは…

柏女　天理教の里親連盟の話は、これまでも各方面から聞いてきましたが、実際にこうしてご縁をいただき、里親活動の記事などを読ませていただいて、本当に貴重な実践が、いわば〝信仰の産物〟として当たり前に行われていることに、大きな感銘を受けました。

天理教の教会では、いろいろな人たちが寄り集まって、支え合いながら暮らしておられるようですが、その原動力となるのは、やはり教えなのでしょうね。どうして、さまざまな事情を抱えた人たちを抱えて暮らしていくという思いが広がっていくのか、お二人にお聞きしたいのですが。

土井　天理教の教えでは、創造主である親神様と人間は、親子の関係にあります。また夫婦、親子の組み合わせ、人との出会いも親神様の配剤によるもので、魂が生まれ替わりを重ねる中で、親が子となり、子が親となり、恩の報じ合いをしながら心の成人を遂げていくと教えられます。

　私は子どもを預かるとき、いつもこう思うのです。「この子は、前生《ぜんしょう》では私の子どもだったのではないか。その子が帰ってきたのではないか」「目に見える姿はやんちゃだし、私とは別の名字だけれども、私の前生の子どもが今日、私の元へ帰ってきたのだ」と。ですから、周囲の人から「少しは選んではどうか？」と言われても、それはできないのです。

　子どもを預かってからも、非行に走れば、親として裁判所へ一緒に出向いていきます。叱《しか》るときも、実のわが子だと思って叱ります。それでもなおやんちゃをして、ここから出ていく事態になっても、ずっと後を追いかけていきます。

　児童養護施設では、子どもが十八歳になって措置解除になると、社会的に自立しなければなりません。しかし、それでは、乗り換え駅に着いて、車掌さんから「ご乗車ありがとうございました」と言われるようなものです。私と彼らとは親子だと信じていますから、鑑別所へ行こうが、少年院へ行こうが、どこまでも追いかけて「元気にやっているか」「また、いつでも帰ってこいよ」と声をかけ、見守るのです。

　私たち天理教の里親は、里子と〝仮の親子〟ではなく、たましいのレベルの〝実の親子〟だと思っています。それが私たちの信仰的な悟り方であり、エネルギーの

神様からお預かりしている子ども　実の子と区別はない

早樫

源になっているのではないでしょうか。

早樫　天理教の信仰者には、わが子といえども自分のものではなく、神様からお預かりして育てさせていただいているという思いがあります。ですから、実の子と預かった子の間に区別はないんですね。土井先生が「要請があれば、どんな子でも受け入れる」と言われたように、目に見えない前生の縁があって、自分の元へ帰ってきたのだと考えるのです。

また、天理教には「人をたすけてわが身たすかる」という教えがあります。ですから「なぜ、そんな厄介な子を預かるんですか？」と聞かれても、私たちの気持ちとしては厄介ではない。彼らのお世話をすることが、自分の務めなのだと受けとめることができるのです。

土井　現在、全国の里親の一割強を、天理教の里親連盟の会員が担っています。さらに、各地にあるファミリーホームの半分以上を、天理教の教会が占めています。教会には一定の部屋数もあるし、本来的に他人を受け入れることに抵抗がありません。全国各地の教会は、これまでの歩みの中で、さまざまな問題を抱えた人や、寄る辺のない人などを積極的に受け入れてきた歴史がありますし、現に数多くの教会では、そうした人たちと生活を共にしています。

そのため、家庭に恵まれない子どもたちを受け入れることについても、ほとんど抵抗がない。むしろ、先ほど申した信仰的な意義からも、積極的に受け入れましょうという気持ちが強いのです。その一つの現れが、たとえば全国の里親やファミリーホームに占める天理教の教会の割合なのだと思います。

天理教の社会福祉は、平成二十二年で百周年の節目を迎えます。その始まりは、実は天理養徳院《ようとくいん》という小舎制の児童養護施設です。明治四十三年に開設され、現在も活動しています。

天理教の教祖《おやさま》は、「人の子を預かって育ててやる程《ほど》の大きなたすけはない」（『稿本天理教教祖伝逸話篇』八六「大きなたすけ」）と教えられました。また、当時の教団の統理者であった中山眞《しん》之亮《のすけ》・初代真柱《しんばしら》様は、天理養徳院の運営について「人の子も我子《わがこ》もおなしこゝろもて　おふしたててよこのみちの人」という歌を残されています。こうした教えや導きを拠《よ》り所《どころ》として、天理教の里親活動は行われています。その意味では、教会が養育里親やファミリーホームに取り組むのは、自然な流れといえるかもしれません。

また、実質的には、里親活動に近い取り組みをしながらも、公的な制度を利用していない教会が少なくありません。ある教会は、精神障害者、知的障害者、ホームレスなどを含め、四十人近い〝難渋な状態にある人々〟を抱えています。古くから困窮した人々を受け入れてきた歴史があるので、そのような教会の会長さんは、自分たちのやってきたことと同じことが、公的制度の中にもできてきたなと感じているようです。

柏女　なるほど、制度が後からついてきたというわけですね。

早樫　里親という言い方そのものが、教団内では、それほど根づいていないかもしれません。けれども、実際には、古くから多くの教会が、里親のような取り組みをしてきた歴史があります。先ほど土井先生が教祖のお言葉を紹介しましたが、天理教の人たちにとって、子どもを預かって育てることは、意識のうえでは「里親」ではなく、「おたすけ」なのです。そこに、やがて里親制度ができて、社会の制度も並行して走るようになってきたと捉《とら》えているように思います。

土井　私は、天理教の教会は、ファミリーホームに非常に適しているのではないかと思っています。考えてみると、里親とは、家庭というプライベートな空間で、社会的養護という非常に公共性の高い営みをすることなんですね。

教会では、日ごろから教会長家族と信者さんが家族的な営みを持っているわけですが、教会自体は決して教会長家族のものではなく、そこにつながる人々みんなの場所です。そして、その中心には、親神様という聖なる存在がある。いわば、聖と俗を併せ持っているのが特徴です。

「トリアージ」という言葉があります。大規模災害などの場合に、負傷者の重症度を判断して治療の優先順位を決めるシステムです。これを、養護を必要とする子どもたちに当てはめると、私どもの教会に来るのは「重症」と判断される子どもたちばかりです。

大げさな言い方のように聞こえるかもしれませんが、子どもたちは戦場から来た少年兵士のように、心に深い傷を負っています。彼らにとって、これまで社会というものは、不安とおののきしか感じないところであり、家庭はいわば戦場でした。その影響で、物事に対する認識が非常に混乱しているのです。

そういう子どもたちの場合、内面の被害的な認知をただちに変化させていくのは難しいので、まずは生活環境を整えていくことから始めて〝育て直し〟をしていきます。その際、教会での朝夕の祈りの場に参加するうちに、精神面での変化が見られるようになるのです。最初は多動気味で、わずかな時間も座っていられなかった子が、少しずつ長く座れるようになっていきます。それに伴って、落ち着きも出てくるのです。こういう点は、教会ならではの長所だと思っています。

早樫　子どもたちを地域で支えていくという点で、天理教の教会が社会的に貢献していける部分がまだまだあるのではないかと思うのですが、柏女先生のお立場からアドバイスを頂けないでしょうか。

柏女　地域の子育て支援には、さまざまなサービスがあります。それらを積極的に利用したり、働きかけたりしていくことで、地域に理解を広げていくことができると思います。

たとえば、里親活動に携わる人、特に里親登録をしていても子どもを委託されていない、いわゆる未委託里親の場合、民生・児童委員などが行っている「子育てサロン」にボランティアとして加わっていただく。あるいは、ファミリーサポートセンターの協力会員や保育ママ（家庭福祉員）になっていただくのもいいと思います。こうした地域の子育て支援活動に関わってもらうことで、里親への理解も広がっていくと思うのです。

あるいは、里親登録には躊躇《ちゅうちょ》するけれども、ファミリーサポートセンターの協力会員ならやってみてもいいという方もいらっしゃるかもしれません。とにかく、できることから関わっていくことが大事だと思います。

信仰心と里親活動と

土井　私どもの教会にやって来る子どもの中には、人に暴力を振るう、いわゆる

「他害行為」の強い子がいます。

いま少年司法の場では、いわゆる「被害者支援」が進んでいます。以前は、被害者が司法の場に入ることはできませんでしたが、関係者の尽力により、さまざまな情報を得ることができ、主張もできるようになってきました。その流れの中で、私のように〝加害者支援〟のスタンスを取る者には厳しい局面も少なくありません。「どうして、そんな子を支援するんだ」「さっさと少年院に入れてしまえばいいんだ」というような論調もあるからです。

しかし、他害行為に及んだ子どもの過去には、必ずと言っていいほど、いじめられたり、虐待を受けたりした体験があります。その影響もあって、いつかどこかで被害者から加害者へと変わってしまったのです。

そうした子どもたちの心の内をのぞいてみると、親から日常的に殴られ、学校へ行くときはろくに弁当も持たされず、洋服は汚いままで、みじめな思いをさせられた子どもの姿があります。そんな自分を直視できないから、心を麻痺《まひ》させてしまう。そして、他害行為に及ぶことで、自分のパワーを回復させようとするのです。

私たちは、そんな彼らに「いや、そうじゃない。人間関係には、もっと違うあり方があるんだよ」と伝えていくわけです。それは、天理教で言う「陽気ぐらし」であり、「互い立て合いたすけ合い」という生き方です。子ども同士がお互いにたすけ合い、支え合い、あるいは困難を抱える仲間のために祈る。そんな生き方があるということを、共に生活する中で少しずつ教えていくのです。

　実は、私どもの教会で預かる子どもの中から、少年院に入ったケースが多くあります。そのたびに面会に行くのですが、まず彼らが口にするのは、院に入れられたことへの怒りや反発です。それに対して私は、ホームのほかの子どもたちの言葉を伝えます。この子たちは、彼から暴力を受けていた、いわば〝被害者〟です。その少年たちが、

「あの子は少年院へ行ったけれど、退院してから帰る場所がない。どうか、また引き取ってやってくれませんか」

と言ってくるのです。加害者の少年も、被害者の少年も、ホームを出たら帰る場所がないという一点においては同じ境遇なのです。

「みんな、こういうふうに言っていたぞ。しかも、おまえのために、みんなが毎日おつとめをしているよ」

　被害者が加害者の救済を祈るのです。しかも、今日はみんなで祈ろうじゃないかということで、土曜日の午後のひと時に、小学生や中学生の子どもたちが自主的に十二下りのお願いづとめを勧めたりするのです。

子ども同士のやりとりで
子ども自身が変わる　土井

このことを本人に伝えると、ほとんどの場合、泣きだします。暴力を振るい、少年院へ行かざるを得なかった、こんな自分を受け入れてくれている事実。同居していた子どもたちが、自分のことを案じてくれているという事実。どうせ自分は殴られても仕方がない、価値のない人間だと思って生きてきた。けれども、そうじゃないんだと。同居する少年たちの言葉によって、少年たちの心に新しい命が吹き込まれていくのです。こうした経験を通して、ほとんどの少年が変わっていきます。

その後、本人が少年院を出ると、「今日、退院いたしました。お世話になりました」と、必ずといっていいほどあいさつに来てくれます。十八歳や十九歳の場合には、「もう社会へ出なさい」「頑張りなさい」と言います。十四、十五歳くらいの場合、帰る場所のない子どもがほとんどですから、また教会で引き取ります。

こうしたやりとりを通して、新たな絆が育《はぐく》まれ、新しい関係性が創造されて、子どもたちの心に〝生きる力〟がついていく。私たち夫婦と子どもとの関わりだけでなく、子ども同士でやりとりがなされる中で、子ども自身が変わるということを幾度か経験したことがあります。

早樫　少しプライベートな話になりますが、先生ご自身は浄土真宗の信仰をお持ちですね。宗教者の立場としては、どういう思いで社会的養護に携わっておられるのでしょうか。

柏女　親鸞《しんらん》聖人の教えは、自分自身が一番弱いと自覚している人、それを「悪人」という言い方をします。そして、そのように自覚している人こそが、阿弥陀如来《あみだにょらい》の救いの光に最も近いと説きます。そして、その光に感謝して、縁ある限り精いっぱい生きていこうというのが教えの根本です。

その意味では、社会的に弱い存在に対して、縁ある人たちができる限りのことをやっていく。その姿勢が一番大事だと思っています。自分自身、どこまでできているか分かりませんが……。

早樫　宗教的な心情を持って、児童養護や社会的養護の取り組みに関わることの意義について、お聞かせいただきたいと思います。

柏女　私は、信仰というのは〝団子の串〟のようなものだと考えています。一つひとつの団子は、人生のさまざまな出来事です。人生の折り目節目で事に当たるとき、私たちの心は揺れ動きます。そのとき、真っすぐ貫く串があれば、団子は揺らぐことなく、しっかりとつながっていられるわけです。

人はさまざまな状況に心を揺るがせながらも、本当は何が大事なんだろうと常に振り返る。それが、仏教で言うところの「法に照らす」ということなのでしょう。

やはり、信仰を持つということは、とても大事だと思います。おそらく天理教の皆さん方も、同じ思いではないでしょうか。また、信仰によって自分を鍛えるという側面もあります。里親活動も、自らを鍛える場ということになってくるかもしれません。

その一方で、宗教的信念をもって里親や社会的養護に関わっていくとき、どこまで宗教的な活動が許されるのかについて、現行制度のもとでは、非常に微妙な問題があることにも十分留意すべきだと思います。

高齢者や障害者福祉の場合は、平成十二年の社会福祉基礎構造改革の実施により、契約制度が導入されました。だから「私たちの施設では、この方針でやっていきますので、それに同感してくださる方は、どうぞ入所してください」というやり方ができるわけです。

ところが、児童養護のように、措置制度のもとでは、微妙なところがあります。自らの方針や、人としての生きざまを子どもたちに示そうとすればするほど、結果として、その子たちをこちらへ誘導するという矛盾を抱えてしまう。そのあたりは、これから社会的養護を進めるうえで、きちんと考えていかなければいけない課題だろうと思います。

資料

里親制度の概要

■里親とは

里親とは、親の病気、家出、離婚、そのほかいろいろな事情により家庭で暮らせない子どもたちを、自分の家庭に迎え入れて養育する人のことをいいます。

里親制度は、児童福祉法に基づいて、里親となることを希望する方に子どもの養育をお願いする制度です。

昭和23年に里親制度が設けられてから約60年間が経《た》ちます。一般的に、特別な方だけが里親になれるイメージを持たれているようです。しかし、そんなことはありません。

実際の里親は、どこにでもいる普通の家庭のお父さん、お母さんです。そして、子どもたちはどこにでもある家庭で生活を送っています。

現在、約2,500人の里親が子どもたちを預かり一緒に生活しています。

（財団法人「全国里親会」ホームページから）

里親の種類と要件

【養育里親】

何らかの事情により、保護者のいない、または保護者に監護させることが適当でない子ども（要保護児童）を養育する里親。

■養育人数

4人まで（里親として養育する児童以外の児童〈実子等〉との合計は6人まで）

■委託期間

原則として、子どもが18歳に達するまでのうち、養育に必要な期間（里親登録は5年ごとに更新）

■養育里親の要件

◇養育里親研修を終了したこと（里親としての養育経験や、児童養護施設などの職員としての経験など一定の要件を満たす場合は研修の一部を免除することができる）

◇養育里親になることを希望する者とその同居人が欠格事由に該当しないこと

◇経済的に困窮していないこと

※欠格事由

本人またはその同居人が次の各号のいずれかに該当する者は、養育里親となることができない。

一　成年被後見人または被保佐人

二　禁錮《きんこ》以上の刑に処せられ、その執行を終わり、または執行を受けることがなくなるまでの者

三　児童福祉法、児童買春、児童ポルノに係《かか》る行為等の処罰及び児童の保護等に関する法律、その他国民の福祉に関する法律で政令で定めるものの規定により罰金刑に処せられ、その執行を終わり、または執行を受けることがなくなる

までの者

四　児童虐待等を行った者、その他児童の福祉に関し著しく不適当な行為をした者

【専門里親】

何らかの事情により、保護者のいない、または保護者に監護させることが適当でない子ども（要保護児童）のうち、児童虐待等により心身に有害な影響を受けるなど次の要件に該当し、専門的な援助を必要とする子どもを養育する里親。なお、専門里親は養育里親に含まれる。

一　児童虐待等の行為により心身に有害な影響を受けた子ども

二　非行または非行に結びつくおそれのある行動をする子ども

三　身体障害、知的障害または精神障害がある子ども

■養育人数

専門里親としての対象児童は2人まで（養育里親として同時に養育する対象児童は4人まで。里親として養育する児童以外の児童〈実子等〉との合計は6人まで）

■委託期間

原則として2年以内（更新が可能）

■専門里親の要件

養育里親である者のうち、次の1から3のいずれにも該当するもの

1、次に掲げる要件のいずれかに該当すること

ア、養育里親として3年以上委託児童の養育の経験を有する者

イ、3年以上児童福祉事業に従事した者であって、都道府県知事が適当と認めた者

ウ、その他都道府県知事がアまたはイと同等以上の能力を有すると認めた者

2、専門里親研修の課程を修了していること

3、委託児童の養育に専念できること

【養子縁組を希望する里親】

何らかの事情により、保護者のいない、または保護者に監護させることが適当でない子ども（要保護児童）との養子縁組を希望する里親。

■養育人数

4人まで（里親として養育する児童以外の児童〈実子等〉との合計は6人まで）

■委託期間

原則として、子どもが18歳に達するまでのうち、養育に必要な期間

■養子縁組を希望する里親の要件

◇要保護児童について養子縁組によって養親となることを希望する者であること

◇その他の要件等については、養育里親の認定等に準じて都道府県知事が判断する

【親族里親】

保護者の死亡、行方不明などにより、これらの者による養育がなされない子どもを、祖父母、伯父、叔母など三親等以内の親族が養育する里親。

■養育人数

4人まで（里親として養育する児童以外の児童〈実子等〉との合計は6人まで）

■委託期間

原則として、子どもが18歳に達するまでのうち、養育に必要な期間

■親族里親の要件

◇当該要保護児童の三親等以内の親族であること

◇要保護児童の両親その他要保護児童を現に監護する者が死亡、行方不明または拘禁等の状態となったことにより、これらの者による養育が期待されないこと

◇その他の要件等については、養育里親の認定等に準じて都道府県知事が判断する

里親登録の手続き

市町村や児童相談所の窓口に相談する

里親制度について詳しい説明があり、制度を理解のうえ、児童相談所に申請する

↓

児童相談所職員による家庭訪問

子どもを預かる状況にあるかの確認

↓

研修受講（養育里親の場合）

↓

里親として登録

家庭状況の確認後、都道府県知事により里親として登録される

↓

養育の開始

里親の家庭状況や子どもに対する希望、および子どもの希望などを考慮し、児童相談所が養育を委託する

小規模住居型児童養育事業（ファミリーホーム）の概要

■創設までの経緯

従来、各自治体では「里親ファミリーホーム」等の名称のもと、4人から6人の子どもたちを里親として受託して、大家族のなかでお互いの助け合いを育《はぐく》みながら養育する取り組みを行ってきた。「小規模住居型児童養育事業」は、こう

した実情に鑑《かんが》み、新たに国の制度として創設された（平成21年4月施行）。

■目的

何らかの事情により親元で暮らせない子どものうち、家庭的な養育環境下で子ども同士の相互作用を活《い》かしつつ養育を行うことが必要とされる子どもに対し、養育者の住居において、児童の自主性を尊重し、基本的な生活習慣を確立するとともに、豊かな人間性および社会性を養い、子どもの自立を支援することを目的とする。

■運営主体

個人、法人（NPO法人等）等、都道府県知事が適当と認めた者

■事業内容

都道府県等から児童福祉法第二十七条第一項第三号の規定による委託を受け、養育者の住宅等を利用し、きめ細かに子どもの養育を行う

■定員

5人または6人

■設備等

日常生活に支障がないよう、必要な設備を有し、職員が入居している子どもに対して適切な援助および生活指導を行うことができる形態であること

○食堂等入居している子どもが相互交流することができる場所を有していること

○風呂、洗面所、便所、子どもの居室を有していること

■人員配置

3名以上の者を配置すること

○1名以上の者が当該住居の生活に本拠をおくこと。うち1名は事業所の管理者とし、うち1名以上が専任の養育者でならねばならないものとする

■養育者の要件（次の1から4までのいずれか、および5に該当する者）

1、養育里親として2年以上同時に2人以上の委託児童の養育経験を有する者
2、養育里親として5年以上登録し、かつ通算5人以上の委託児童の養育経験を有する者
3、3年以上、児童福祉事業に従事した者
4、1から3に準ずる者として、都道府県知事が適当と認めた者
5、児童福祉法第三十四条の十五第一号各号の規定に該当しない者

参考

●「児童福祉法」
●「児童福祉法施行令」
●「児童福祉法施行規則」
●「第五十五回全国里親大会　行政説明資料」（厚生労働省）
●チラシ「やさしい社会の絆です――里親制度」（厚生労働省）
●資料「里親の種類」（厚生労働省）
●資料「里親の要件等」（厚生労働省）
●資料「里親登録等の事務の流れ」（厚生労働省）
●『これからの児童養護――里親ファミリーホームの実践』（柏女霊峰監修・里親ファミリーホーム全国連絡会編・生活書院）
●『Q&A　里親養育を知るための基礎知識【第2版】』（庄司順一編著・明石書店）
●厚生労働省ホームページ
●財団法人「全国里親会」ホームページ

あとがき

その曲はカーラジオから流れてきた。

ひとりでも私は生きられるけど
でもだれかとならば　人生ははるかに違う
強気で強気で生きてる人ほど
些細《ささい》な寂しさでつまずくものよ

めぐり来る季節をかぞえながら
めぐり逢《あ》う命をかぞえながら
畏《おそ》れながら憎みながら
いつか愛を知ってゆく
泣きながら生まれる子供のように
もういちど生きるため　泣いてきたのね

（中島みゆき『誕生』）

ピアノ伴奏による、ゆったりとした美しいメロディ。曲に聴き入るうちに、浮かんでくるシーンがあった。それは、編者が『天理時報』の取材先で見た里親家庭の微笑《ほほえ》ましい光景だった。

――小学校低学年の男の子が、会長夫人の小さな膝《ひざ》に乗り、服の上から乳房に手を当てていた。その男の子に、いとおしむような眼差《まなざ》しを注ぐ夫人は、夫である会長とともに里親を務めていた。夫人は笑みを浮かべて、こう言った。

「五年前、この子がうちに来たころは〝赤ちゃんがえり〟が激しくて、夜泣きもひどかったのよ。あるとき添い寝をしていたら、無意識のうちにおっぱいを触ってくるの。『この子は母親を求めているんだなあ』と思って、膝の上に抱っこして、ためしに乳房を含ませてみたんです。もちろん、お乳は出ませんが、うれしそうな寝顔になって。それ以来、この子はすっかり元気になって、しばらくして〝うちの子〟になってくれたんです」

時報の新企画のヒントを探していた編者には、ひらめくものがあった。

「親子の絆《きずな》、新しい家族のかたち、つながり合って生きる社会……」

こうして、シリーズルポ「里親の現場から」は始まった。第一回は平成十九年四月二十九日号であった。最長十回の予定だったが、よもや丸二年、都合十八回もの長期連載になるとは当時、思いもしなかった。

ルポの取材班は六人の若手記者で編成された。一人を除き、全員独身だった。長年、里親を務めている教会や布教所などに泊まり込み、寝食を共にして密着取材した。ほとんどの場合、里親が預かる子どもには実親がいる。プライバシーに配慮して、子どもはほぼ仮名としたり、事実は一部改編したりしているが、内容は紛《まぎ》れもない真実である。

◈

連載が進むうちに「お道の里親の取り組みに感激した」といった読者の声が聞こえてきた。読者モニターのアンケート調査でも、常に「印象に残った記事」の上位に入った。やがて時報の編集部には、教会関係者を中心に里親を希望する人が増えているとの情報が寄せられるようになった。

虐待などで心に傷を負った子どもの〝育て直し〟に、おたすけの心で懸命に力を尽くす姿を紹介したルポは、大きな反響を頂いた。それは〝現代の難渋〟に真摯《しんし》に取り組む教友たちへの、惜しみない称賛の声であったように思う。

こうした読者の力強い後押しを受けて、シリーズルポをまとめた本を刊行する話が持ち上がった。本書は『天理時報』の連載から生まれ、創刊八十周年を迎える年に世に出ることになった。

◈

カーラジオから流れる曲は、サビに差しかかっていた。

Remember　生まれた時
だれでも言われた筈《はず》
耳を澄まして思い出して
最初に聞いた　Welcome

Remember　けれどもしも
思い出せないなら
わたし　いつでもあなたに言う
生まれてくれて　Welcome

いま、不幸な境遇に置かれた子も、産声を上げたときは、きっと「Welcome」と笑顔で迎えられたに違いない。その最初の「Welcome」を、もしも知らない子がいるとしたら……。

そんな子たちに、「生まれてくれて　Welcome」と親に代わって伝えることが、お道の里親の大切な務めの一つかもしれない。月日のやしろである教祖《おやさま》が、人間に陽気ぐらしをさせたいという「元の親」の思いを、私たちに教えてくださったように——。

◇

末筆になりますが、取材にご協力いただいた里親の皆さま方に、あらためて御礼を申し上げます。

そして、この連載を読んで時報紙上に寄稿してくださったフリーライターの村田和木さん、里親制度と今後の展望に関する鼎談《ていだん》に快く出席していただいた柏女霊峰先生をはじめ、土井高德、早樫一男の両氏に、心より感謝の言葉を申し上げます。

なお、本書のシリーズルポ「里親の現場から」は、岡崎裕一、森井正次、榊幸浩、萩田志歩、杉﨑一浩、大西政範の各記者が担当しました。

二〇一〇年六月

編者記す

〝たましいの家族《かぞく》〟の物語《ものがたり》　里親《さとおや》——神様《かみさま》が結《むす》んだ絆《きずな》

2010年7月1日　初版第1刷発行

編　者　天理教道友社

発行所　天理教道友社
〒632-8686　奈良県天理市三島町271
電話　0743(62)5388
振替　00900-7-10367

TENRIKYO DOYUSHA

印刷所　株式会社天理時報社
〒632-0083　奈良県天理市稲葉町80

ISBN978-4-8073-0548-3
定価はカバーに表示